# 创新创业教育生态系统构建

贾建锋 ◎著

CHUANGXIN
CHUANGYE JIAOYU
SHENGTAI XITONG GOUJIAN

中国财经出版传媒集团
经济科学出版社
Economic Science Press

## 图书在版编目（CIP）数据

创新创业教育生态系统构建/贾建锋著. —北京：经济科学出版社，2021.11

ISBN 978 - 7 - 5218 - 2087 - 4

Ⅰ.①创… Ⅱ.①贾… Ⅲ.①创业 - 研究 Ⅳ.①F241.4

中国版本图书馆 CIP 数据核字（2020）第 226401 号

责任编辑：李　雪　袁　溦
责任校对：孙　晨
责任印制：王世伟

### 创新创业教育生态系统构建
贾建锋　著

经济科学出版社出版、发行　新华书店经销
社址：北京市海淀区阜成路甲 28 号　邮编：100142
总编部电话：010 - 88191217　发行部电话：010 - 88191522
网址：www.esp.com.cn
电子邮箱：esp@esp.com.cn
天猫网店：经济科学出版社旗舰店
网址：http://jjkxcbs.tmall.com
北京季蜂印刷有限公司印装
710×1000　16 开　13 印张　170000 字
2021 年 11 月第 1 版　2021 年 11 月第 1 次印刷
ISBN 978 - 7 - 5218 - 2087 - 4　定价：49.00 元
（图书出现印装问题，本社负责调换。电话：010 - 88191510）
（版权所有　侵权必究　打击盗版　举报热线：010 - 88191661
QQ：2242791300　营销中心电话：010 - 88191537
电子邮箱：dbts@esp.com.cn）

# 序

  2018年，高校创业师资训练营（南开·第三期）在东北大学举行期间，建锋教授和我沟通了他希望结合自己的实践经历写一本关于创新创业教育专著的想法。彼时正值全国上下如火如荼地开展创新创业教育，我很乐意看到青年教师们愿意把他们对于创新创业教育的思考以及教学中的实践成果进行总结和传播，因此我欣然答应了为建锋教授未来的著作做序的邀请。2021年，我收到了这本《创业创业教育生态系统构建》的书稿，我惊讶于该书超越了我当年对其总结经验的期望，专著从构建生态系统的视角对创新创业教育进行了思考。该书不仅体现出了贾建锋教授对创新创业教育的深刻思考和认识，也体现出了身为教育工作者对中国创新创业教育的新发展趋势和国家政策的解读和回应。

  2019年末，突如其来的新冠肺炎疫情席卷全球，世界经济的发展一度停滞。在党和国家的坚强领导下，中国人民取得了抗击新冠疫情的胜利，并在疫情常态化防控的形式下快速恢复经济生产，而创新创业活动在其中充分发挥了"保增长、稳就业"的作用。根据中华人民共和国科学技术部火炬高技术产业开发中心发布的《2020年中国创业孵化发展报告》数据，2020年全国创业孵化机构依旧创收450亿元，众创空间创收200亿元，能够达到与新冠肺炎疫情爆发前持平的水准。2021年是中国共产党成立100周年，中国实现了全面建成小康社会的第一个百年目标,并且迎来了"十四五"新一轮的发展周期,创新创业活动也站在了新的历史起点上。《中华人民共和国国民经济和社会发展第十四个五年规划和2035年远景目标纲要》在第六章《激发人才创新活力》中明确指出,要优化创新创业创造生态,推进创新创业创造向纵深发展。

在众多创业主体当中,大学生创业者的数量逐年增长。2019年创业的大学生约为74万人,而2020年大学生创业人数达到了82万人。大学生是创业大军中的一类特殊群体,他们拥有更高的文化水平,更容易接受新鲜事物,更加追求自我价值和工作自由。然而,大学生同样也缺乏创业经验,创业成功率大概仅有3%左右。创新创业教育不仅能够解决大学生的就业问题,提高大学生创业成功率,更是从根本上培养和塑造大学生创新创业能力和提高人才素质的重要途径。更重要的是,创新创业教育不能仅仅依靠高校来完成,更需要全社会的参与和共建。国内外经济形势和政治形势错综复杂、相互交织,形成了高度不确定性的外部环境,变幻莫测的商业市场给创新创业教育带来了巨大挑战,唯有全社会共同参与,构建共生共栖、多向循环、立体交叉的创新创业教育生态系统,才是新形势下创新创业教育的新方向。

中国的创新创业教育在大家的共同努力下,已经在全国各大高校燃起了"星星之火",如何让这分散的火苗聚集起来,形成"燎原之势"是创新创业教育面临的新问题。在这种情况下,我很高兴地看到东北大学贾建锋教授所撰写的《创新创业教育生态系统构建》即将出版。该书结合理论分析、案例研究和模型构建等多种方法,从生态系统的视角对创新创业教育的相关问题进行了解读,包括创新创业教育生态系统构建、创新创业课程体系设计、创新创业教师队伍建设以及创新创业教育实践和评价等内容。在我看来,这

# 序

本书有以下三个优点：首先，以深入浅出的语言，介绍了创新创业教育的前沿观点。该书详细介绍了创新创业教育的发展以及现状，呈现了创新创业教育的前沿观点，语言生动，通俗易懂。其次，以扎实的理论功底，解构了创新创业教育生态系统的内涵。该书以生态系统观为统领，借助理论探讨、案例研究等多种方式对创新创业教育生态系统模型进行构建，并进一步采用能力成熟度模型和胜任力模型对该系统的两大核心要素（课程体系和师资队伍）进行了系统探讨，繁简分明，逻辑清晰。最后，以指导实践的思想，完善了创新创业教育生态系统的应用。该书十分注重理论研究的实践性和应用性，突出强调了创新创业教育生态系统的实践问题，提出了众多可供参考和学习的对策建议。

从2014年李克强总理在夏季达沃斯论坛上提出"大众创业、万众创新"的号召，到2018年国务院下发《关于推动创新创业高质量发展打造"双创"升级版的意见》，再到2021年"十四五"发展纲要提出要优化创新创业创造生态，"双创"在华夏大地上迎来了百花齐放、百家争鸣的新时代。作为中国创新创业的教育者和践行者，吾辈必当不忘初心，砥砺前行，用热血和忠诚扎根创新创业教学一线，用智慧和担当谱写创新创业的崭新篇章。

张玉利
教育部长江学者特聘教授、博士生导师
南开大学创业研究中心创始主任

# 目 录

## 系统构建篇

第1章　创新创业教育生态系统的理论构建 …………………… 3
 1.1　创新创业教育生态系统的理论概述 …………………… 4
 1.2　创新创业教育生态系统的组成要素 …………………… 6
 1.3　创新创业教育生态系统的网络结构 …………………… 8
 1.4　政策建议 ……………………………………………… 15

第2章　创新创业教育生态系统的案例研究 …………………… 17
 2.1　创新创业教育生态系统的研究概述 …………………… 20
 2.2　创新创业教育生态系统构建的研究设计 ……………… 24
 2.3　创新创业教育生态系统构建的数据分析 ……………… 33
 2.4　政策建议 ……………………………………………… 43

## 课程体系篇

第3章　基于能力成熟度模型的创新创业课程体系设计 ………… 51
 3.1　能力成熟度模型概述 …………………………………… 53

3.2 大学生创新创业能力成熟度模型的构建 …………… 54
3.3 基于能力成熟度模型的静态课程体系设计 …………… 61
3.4 基于能力成熟度模型的动态课程体系设计 …………… 66

第4章 基于个人—环境匹配的创新创业课程体系设计 ……… 69
4.1 创新创业课程体系设计的研究回顾 ………………… 70
4.2 个人—环境匹配与创新创业教育的关联性分析 ……… 73
4.3 基于个人—环境匹配的水平创新创业课程
体系设计 ……………………………………………… 76
4.4 基于个人—环境匹配的梯度创新创业课程
体系设计 ……………………………………………… 78

第5章 创新创业课程体系供需匹配差异及实证分析 ……… 84
5.1 创新创业课程体系供需主体关系分析 ……………… 86
5.2 创新创业课程体系模块化处理 ……………………… 88
5.3 创新创业课程体系供需匹配差异度测量 ……………… 90
5.4 创新创业课程体系供需匹配差异的实证分析 ………… 92
5.5 政策建议 …………………………………………… 100

# 师资队伍篇

第6章 创新创业教师胜任特征模型的构建 ………………… 105
6.1 双创背景下创新创业教师的现状分析 ……………… 106
6.2 创新创业教师胜任特征要素的提取 ………………… 109
6.3 创新创业教师胜任特征的问卷设计与数据收集 …… 121
6.4 创新创业教师的胜任特征模型 ……………………… 125

第7章　基于胜任特征的创新创业教育师资队伍建设 ………… 130
　7.1　基于胜任特征的创新创业教育师资队伍建设的
　　　 优势与原则 ………………………………………………… 131
　7.2　基于胜任特征的创新创业教育师资队伍建设的
　　　 具体实施策略 ……………………………………………… 133
　7.3　基于胜任特征的创新创业教育师资队伍建设的
　　　 注意事项 …………………………………………………… 143

## 实践评价篇

第8章　校企合作模式下高校创新创业实践体系设计 ………… 147
　8.1　高校创新创业实践体系的构成 ……………………………… 148
　8.2　高校创新创业实践体系存在的问题 ………………………… 149
　8.3　校企合作建设创新创业实践体系的可行性 ………………… 152
　8.4　校企合作模式下创新创业实践体系的内容 ………………… 153
第9章　基于消费者导向的创新创业教育评价体系设计 ……… 158
　9.1　创新创业教育评价的研究回顾与评析 ……………………… 159
　9.2　理论适用性与设计思路 ……………………………………… 162
　9.3　创新创业教育评价指标要素的提取 ………………………… 164
　9.4　创新创业教育评价体系的构建 ……………………………… 172

参考文献 ……………………………………………………………… 177
后记 …………………………………………………………………… 194

# 系统构建篇

基于生态系统理论，分别采用理论探讨和案例研究两种不同的方式，构建了创新创业教育生态系统模型，并提出了我国创新创业教育生态系统发展的政策建议。

# 第1章 创新创业教育生态系统的理论构建

基于生态系统理论,本章结合我国大学实践经验,采用理论探讨的方式,构建了创新创业教育生态系统模型。本章的主要结论包括:第一,创新创业教育生态系统由内源性要素、基础性要素和发展性要素构成,在此基础上又可按照生态角色进行要素归类。第二,创新创业教育生态系统可以分为内循环和外循环两部分:内循环由课程体系、师资队伍和实践平台构成,可以基于不同阶段的学生特点和需求构建递进式的内循环模型;外循环由大学、企业和政府三股螺旋构成,并时刻进行着市场、政策、财务、文化、支持、人力的物质交换。第三,内外循环通过支撑机构紧密联结起来,形成了一个由大量相互联系的、相互作用的、具有主动性的主体所构成的网络结构。

创新创业教育;生态系统;理论构建;组成要素;网络结构

20世纪80年代以来,随着知识经济的兴起,传统的大学教育模式已经无法满足时代、经济和社会发展对人才培养的强烈需要。因此,旨在培养更高素质创新与创业人才的创新创业教育应运而生。放眼国际,麻省理工学院、斯坦福大学等一批创业型大学(entrepreneurial university)将推动经济与社会发展作为教学和研究之外的"第三使命"(Etzkowitz et al., 2000),形成了浓厚的创新创业氛围。我国创新创业教育起步较晚,通过引进和模仿国外先进的教学理念与成熟的教学模式取得了一定的成就,但也出现了诸如支撑体系不健全、评估机制欠缺等内部问题(马永斌和柏喆,2015)。与此同时,大学所处的外部环境也逐渐由静态走向动态,促使大学加强与政府和企业的合作,通过打造更具开放性和动态平衡性的创新创业教育来共同推动科研创新、技术转化与自主创业(黄兆信和罗志敏,2016)。

## 1.1 创新创业教育生态系统的理论概述

与自然生态系统类似,创新创业教育系统里也出现了类似食物链的创新创业链和各式各样的生态角色,它们通过物质循环和能量流动维持了整个系统的正常运作。

1935年,坦斯利(Tansley)首次提出"生态系统"的概念。他认为生态系统是在一定的空间和时间内,在各种生物之间以及生物与无机环境之间,通过物质循环和能量流动而相互作用的一个自然系统。近年来,自然界生态系统理论也被应用于复杂的社会关系领域,衍生出许多新的理论和概念,如企业管理领域的"商业生态系统"理论和组织研究领域的"组织生态"和"企业种群"等概念

(Hannan and Freeman，1977；Moore，1993）。邓恩（Dunn，2005）首次将生态系统理论应用于创新创业教育领域，他认为麻省理工学院（MIT）的创新创业教育取得成功的关键在于 MIT 形成了一个由数十个项目组织和创业中心构成的"创业生态系统"（entrepreneurship ecosystem）。在邓恩之后，越来越多的学者对创新创业教育生态系统进行了研究，现有研究主要集中在三个方面：第一，在目的方面，马小辉（2013）认为创新创业教育是素质化教育和创新教育的延伸和实用化，其核心在于培养具有开拓性素质的人才。创新创业教育的目的并不只为解决就业问题，更重要的是通过培养学生的创业意识和提升学生的实践能力来塑造创新型的综合人才（马永斌和柏喆，2015）。第二，在内涵方面，创新创业教育生态系统是创新创业教育与周围的生态环境之间通过信息流动、激励保障、辐射带动等相互作用而形成的统一整体，并受内部因素和外部因素的制约和调控作用（刘月秀，2012）。何郁冰和丁佳敏（2015）基于对美国斯坦福大学、德国慕尼黑工业大学、新加坡南洋理工大学这三所国外高校的案例研究，认为创新创业教育生态系统是以大学为内核的具有开放性、多样性、调控性、"弱竞争—强协同"等特性的动态化网络组织。第三，在结构方面，创新创业教育生态系统可以划分为内外两部分，内部以参与创新创业教育的个体及各类组织为基础，以创业活动、创业课程、合作课程和创业研究活动为核心，外部以创业文化、资源、股东、基础设施等为保障（Brush，2014）。张昊民、张艳和马君（2012）通过对麻省理工学院的案例分析，提出成功的创新创业教育生态系统不仅在内部完成了科学研究与创新创业教育的对接、理论学习与实践活动的对接，而且在外部实现了校内人才与校外资源的对接。

综上分析，我国对创新创业教育生态系统的研究虽然已取得了一定的成果,但是研究内容主要局限于概念、内涵及特征层面(何郁冰和丁佳敏,2015),缺乏系统的整体框架梳理,无法为我国大学提供更具一般性的创新创业教育生态系统框架及建设意见。基于此,本章将充分运用生态系统理论,从组成要素和网络结构两部分进行理论推演,以构建符合中国情境特点的创新创业教育生态系统。

## 1.2 创新创业教育生态系统的组成要素

创新创业教育生态系统的组成要素按照属性可以划分为内源性要素、基础性要素和发展性要素三类(黄兆信和罗志敏,2016),如图1-1所示。

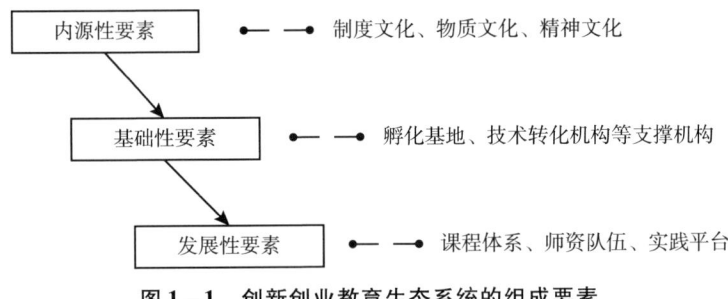

**图1-1 创新创业教育生态系统的组成要素**

内源性要素是整个创新创业教育生态系统的精神内核,强调开放、多元和包容,涵盖所有推动创新创业教育的制度文化、物质文化和精神文化。基础性要素落在执行层面(伯顿·克拉克,2000),包括创新创业教育生态系统中功能不一的组织执行机构。发展性要

## 第1章 创新创业教育生态系统的理论构建

素则主要是面向创新创业教育的内部教学活动,涵盖课程体系、师资队伍和实践平台。

为了更为形象地展现组成要素在创新创业教育生态系统中的职能作用,本章仿照自然生态系统中依据营养结构划分生产者、消费者、分解者等生态角色的思路,对内源性要素、基础性要素和发展性要素做进一步的要素归类。与自然界食物链类似,创新创业教育生态系统中也存在由生产者(课程体系、师资队伍)、消费者(市场)、分解者(实践平台、支撑机构)等构成的创新创业链(何郁冰和周子琰,2015),并在由制度文化、物质文化、精神文化构成的无机环境中进行着物质循环和能量流动,如表1-1所示。

表1-1 自然生态系统与创新创业教育生态系统对比

| 生态角色 | 自然生态系统 | 创新创业教育生态系统 | 职能 |
| --- | --- | --- | --- |
| 生产者 | 绿色植物 | 课程体系、师资队伍 | 提供物质和能量 |
| 消费者 | 植食动物、肉食动物 | 市场 | 消耗物质能量 |
| 分解者 | 腐食动物、微生物 | 实践平台、支撑机构 | 进行物质转化 |
| 无机环境 | 水、无机盐、空气 | 制度文化、物质文化、精神文化 | 生存环境和基础物料来源 |

需要强调的是,创新创业教育生态系统中的组成要素并非固定不变,而是如同自然界生态系统中的生物一般,遵循"物竞天择,适者生存"的法则,在内外部环境的变革和冲击下不断进行演变。整个创新创业教育生态系统在破坏和重塑中不断向前发展,留存下来的组成要素之间形成越来越紧密的交织关系,并逐渐建立起彼此相互依存、共生演进的网络结构,以更好地发挥耦合关系。

## 1.3　创新创业教育生态系统的网络结构

创新创业教育生态系统的组成要素之间存在着一种共存共生、协同进化的关系，使得具有不同功能的组织机构能够实现最大程度上的耦合，进而构成一个紧密结合且相互促进的网络结构（黄兆信和王志强，2017）。在这个网络结构之中，创新创业教育生态系统内部各主体和组成要素之间存在着协同发展、资源共享和内生成长的关系，并受到来自国家战略、部门政策和企业合作的外部驱动。因此，为了更清晰地构建创新创业教育生态系统的网络结构，本章将从内部结构、外部结构和联结机制三个模块进行探讨，并认为内部结构中形成了以教学活动为核心的内循环，外部结构中形成了"大学—产业—政府"之间的市场、政策、财务、文化、支持、人力的外循环（Larso，Saphiranti and Wulansari，2012），并由支撑机构将内循环与外循环联结起来。从整体上看，内外循环共同作用，最终形成一个由大量相互联系和相互作用的主动性主体所构成的复杂系统（惠兴杰等，2014）。

### 1.3.1　创新创业教育生态系统的内循环

大学创新创业教育的内部主体活动是学生与教师之间开展的充分涵盖理论知识和实践训练的教学活动。在这一知识技能传递过程中，课程体系、实践平台、师资队伍这三个组成要素之间逐渐形成了相互依存、协同发展和共生演进的依存关系，构成了创新创业教育生态系统的内循环，为创新创业教育生态系统提供内源动力。

与传统教育模式相比，创新创业教育生态系统的内循环更注重

## 第 1 章  创新创业教育生态系统的理论构建

操作性和创新性，具体可以体现在以下三个方面：在课程体系方面，创新创业教育课程体系需要涵盖基础知识、实务操作和案例分析等多方面课程内容，鼓励以更生动丰富的课堂形式突破传统的听讲式教学模式，并积极引导学生在学习过程中融合和运用专业知识。在师资队伍方面，由于创新创业教育本身的特殊属性，创新创业教师在专业知识、专业技能、创新创业经验、市场洞察力等方面都面临着更高的要求，创新创业师资队伍需要涵盖理论型教师和实践型教师，共同培养学生的创新意识和创业能力，提升学生发现机会和抓住机会的能力。在实践平台方面，创新创业教育更强调将理论和实践紧密结合，为学生提供加深理解、丰富经验和提升能力的实践平台，也从侧面对课程教学效果进行考核。

学生作为接受教育的主体，毫无疑问地成了创新创业生态系统中内循环的核心之一。然而不同学生在自我认知、专业知识、创新意识和创业能力上既存在个体上的差异性又在相同年级中表现出了一定的相似性。因此，创新创业教育生态系统中的内循环设计应该重点关注学生群体中的差异性和相似性，根据学生不同阶段的特点和需求来设计递进式的内循环模型，在最大程度上提升教学效果。

借鉴百森商学院"发现—探索—专攻"的教学模式，本章构建出递进式的创新创业教育生态系统内循环模型，如图 1-2 所示。为凸显递进式的特点，本章将教学过程划分为基础教学、综合教学、专攻教学三个阶段，针对每个阶段开设相应的课程，匹配不同的实践活动和师资力量，使课程体系、师资队伍、实践平台在内循环模型中紧密结合。

（1）基础教学阶段。

主要针对本科一年级的学生设立，目的在于介绍创新创业背景知识、启发学生的创新创业意识和培养学生的基本创业技能。在实践方面采用与理论课程相匹配的实训课程，在模拟创新创业的过程中引导学生进行更为直观深入的了解,感受创新创业的魅力所在。这种以启发为主的教学设计对授课教师的专业能力要求并不高,但需要教师拥有别致的授课形式、幽默的语言谈吐和出众的人格魅力。这个阶段的学生往往厌烦于传统的听讲式授课方式,并在心理上排斥由本校从未真正参与过创新创业的教师来教授这类课程,因此更期待由校外人士(如创业者、企业高管、政府人员等实践型教师)现身说法,来讲述精彩的创新创业故事。

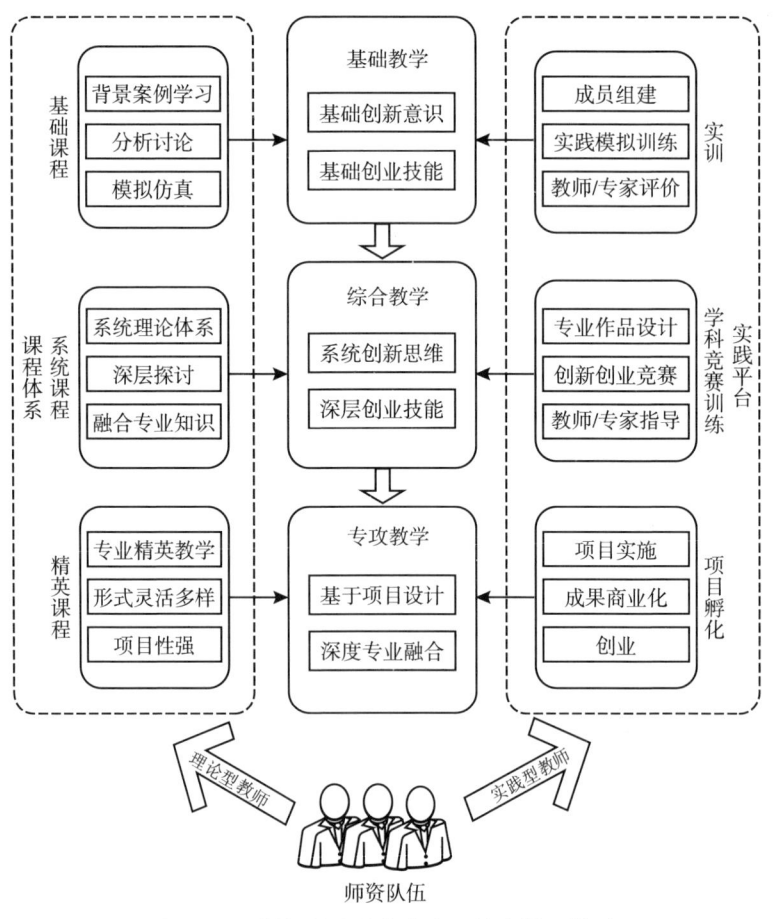

图1-2 创新创业教育生态系统内循环模型

(2)综合教学阶段。

主要针对本科二、三年级的学生设立,旨在将学生萌芽的创新创业意识转化为更系统的创新创业思维,并掌握深层创业技能。这个阶段的学生已储备了一定的专业知识和创新创业知识,且不再只是被动地接受与课程匹配的实训课程,而是更愿意主动地参与学科竞赛训练等实践活动,寻找舞台提升自我。这一阶段的学生既需要理论型教师又需要实践型教师,理论型教师可以引导学生由朦胧的创新意识转化为更系统的创新思维,系统地教授创新创业所需要掌握的各项具体商业技能,从专业的角度为学生提供最新的前沿创新创业动态,鼓励学生在专业范围内进行创新创业探索。实践型教师则可以在学生参与学科竞赛训练时给予指导,以丰富的经验阅历对创新创业成果进行分析评价,并对学生产生的在商业运作等方面的问题给予专业的解答。

(3)专攻教学阶段。

主要针对已接受过系统课程教学,并且对创新创业有着浓厚兴趣或实际拥有创新创业项目的学生。这些优秀学生可以来自任何一个年级,不受传统的年级限制,只要是在创新创业方面展现出强烈兴趣和超凡能力的学生都可以进入专攻课程教学阶段来接受更具专业性的精英教育。这一阶段的教学活动在课程设置上更为灵活,且多采用研讨、讲座和专家会谈等开放的形式,深深烙印上专业性与项目性的特点。在实践方面,这一小范围的学生着力于推进项目实施、创新成果商业化或自主创业,并将进入大学的扶持机构进行孵化,接受来自技术转化、商业运作、专利保护、融资等方面的指导和帮助。这个阶段需要专业性更强、经验更丰富和眼光更独到的实践型教师给予指导,并且师资范围也不再困于大学的地理范围,而是以大学为窗口向全世界辐射,邀请业内顶尖技术人员和研究人员共同参与。

## 1.3.2 创新创业教育生态系统的外循环

创新创业教育生态系统的开放性使其不能只局限于大学内部的课程教学和实践活动，而是需要时刻与外部环境进行市场、政策、财务、文化、支持、人力的交换。而随着大学、产业和政府这三个领域逐渐趋同和交叉（方卫华，2003），良性互动的区域创新三螺旋逐渐形成（张昊民、张艳和马君，2012）。我国对三螺旋理论的研究主要分为两类：一类是引入并介绍国外理论的研究。传统三螺旋理论集中介绍了"大学—产业—政府"三者之间的关系及非线状创新模型（周春彦，2006，2008），认为三股螺旋既有内核又有外场，共同促进区域创新、产业发展和经济增长，其最理想模式是形成大学推动、大企业带动和政府拉动共同作用。另一类是结合我国实际情况进行的本土化研究。这些研究可以归纳为创业型大学建设、"产学研"和"官产学"研究、技术转移和创新以及区域创新发展四种（孟卫东和佟林杰，2013），主要针对我国具体特点设计合理的模式与方案，打造本土化的创新创业教育生态系统外循环。

大学是创新创业教育生态系统外循环的核心，主要采用"引进来—走出去"的基本原则，对内积极引入来自企业的人才、资金、技术和信息，充分享受政府对创新创业教育的扶持政策和资金投入；对外积极反馈创新创业教育成果，为企业解决实际技术难题，为政府提供创新型人才以及优秀的潜在创新创业者。在我国几十年的创新创业教育实践中，已有一批大学完成了从研究型和职业型大学到创业型大学的成功转变，与区域的企业和政府取得良好合作，积极推进科研技术成果的商业化。但不可忽视的是，各大学无论是在历史传统、办学理念和学术专长方面，还是在创新氛围、经济条件和地理环境等方面都存在着很大差异，并非每个大学都具备成为创业型大学的优良资质。因此在构建创新创业教育生态系统外循环时，各大学必须深入剖析自身的内外部特点，设计出因地制宜的外循环三螺旋结构。

企业是创新创业教育生态系统的重要利益相关者。一方面，企业为大学提供了前沿的行业信息、充裕的项目资金和优质的实践场地。企业管理者常以实践型教师的身份走进大学的课堂，亲身教授创新创业知识和技能，指导创新创业实践活动，使得创新创业教育始终保持着较强的专业性和前瞻性。另一方面，企业也优先享受大学最新的科研技术成果，通过与大学实验室的合作解决遭遇的技术难题，充分吸纳创新创业教育培养出的优秀创新创业人才，与大学形成了长期的双赢关系。

政府在三螺旋的不同发展阶段起着不同的作用。在早期，创新创业教育生态系统尚未形成时，政府宏观层面的政策在推动创新创业教育上有着十分显著的积极意义，其出台的一系列支持和鼓励性政策文件和提供的优惠保障服务，不仅能促进大学内部形成浓厚的创新创业氛围，而且能鼓励企业等外部力量更积极地参与到创新创业教育之中。但是，政府并非独立的创新体，而只是创新体背后的助推器。随着大学和企业在三螺旋中主体地位的提升，政府也需要找准自己的角色定位，逐步减少国家在微观和制度层面上的调控力度，更偏向于把握创新发展的宏观方向，以促进三螺旋在纵横两个方向的自由互动（蔡翔、王文平和李远远，2010）。

## 1.3.3 创新创业教育生态系统的联结机制

创新创业教育生态系统的内循环与外循环之间并非隔断的关系，而是通过纽带紧密联结，使得政府与企业的作用能够顺利融入大学创新创业教育活动的每个环节。这个纽带就是支撑机构。支撑机构主要包括中心管理部门（负责统筹管理、顶层设计）、技术转化部门（进行成果商业化指导）、扶持部门（提供专利申请、融资、法律服务）、孵化基地以及对外联络部门。不同部门各司其职，统率管理整个创新创业教学的进行以及与政府和企业的合作。

通过支撑机构，在内循环中极具发展潜力的创新创业项目将会进入孵化基地以获得更多的资源和发展空间。同时，外循环中来自政府和企业的创新创业项目也可以通过支撑机构对内招募所需的创新创业型人才，使其聚集在孵化基地中实现更深层次的合作。在这个孵化基地内，创新创业者能够充分享受大学提供的场地、技术转化、专利申请等服务，并及时与政府、企业的相关人士进行沟通合作，以获得最大程度上的创新创业支撑。依靠支撑机构的统率管理，创新创业教育生态系统的内循环与外循环紧密有序地联结成一个有机整体，使得创新创业因子在整个系统中正向流动，如图1-3所示。

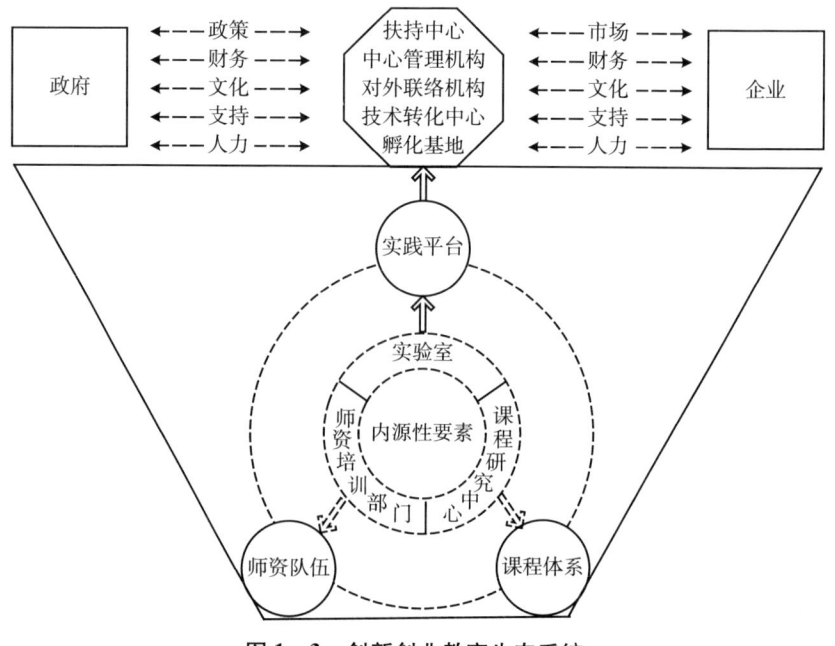

图1-3 创新创业教育生态系统

## 1.4 政策建议

本章将生态系统理论引入创新创业教育领域,通过对组成要素和网络结构的理论探讨,认为我国发展创新创业教育的突破口就在于通过综合多种要素构建一个具有更为紧密的耦合网络结构的本土化创新创业教育生态系统。基于本章研究结论,特提出如下政策建议。

(1) 构建递进式课程体系。

我国创新创业教育在教学目标确定、课程设计、教学内容选择、教学模式和方法等方面仍然比较混乱,缺少可资借鉴的有效理论和成功案例(许涛和严骊,2017)。为了更适应不同阶段学生的知识能力水平和切实需要,大学应设置"基础课程教学—综合课程教学—专攻课程教学"的递进式课程体系,针对不同阶段学生授予不同内容、形式和难度的课程,并充分将理论教学与实践训练结合,将创新创业知识与专业知识结合。

(2) 建立导师专家资源库。

为解决现阶段我国创新创业教育所需的理论型和实践型师资的短缺问题,可尝试构建跨地域、跨学科的导师专家资源库。在人才来源上,由政府牵头汇聚不同行业、不同研究领域的专家人才和创业导师,以在最大程度上促进各行业之间的交流沟通,协作解决创新创业教育过程中遇到的问题。在交流形式上,可以通过慕课、网络公开课等方式,突破时间和空间上的阻碍,分享不同大学优秀创新创业师资的优质课程,同时也可以通过视频会议等方式对大学创新创业师资进行远程培训。

(3) 建立健全独立支撑机构。

当前我国部分大学创新创业教育的支撑机构仍挂靠在教务处、校团委、学生处、就业指导中心之下，机构中的工作人员主要是从其他部门临时抽借，执行效率十分低下（刘海春和郗婷婷，2017）。大学应设置创新创业学院等独立支撑机构，并在组织结构上兼顾内外两个方向。对内设立中心管理部门，下属教学管理部门、技术转化机构、扶持机构和孵化基地；对外设置对外联络部门，并依据具体合作项目分设不同部门进行对接，最终联结成富有弹性和张力的动态网络结构。

# 第2章  创新创业教育生态系统的案例研究

基于"大众创业,万众创新"的时代背景,本章采用多案例研究和扎根理论相结合的方法,通过对美、英、日三个国家、五所高校的案例和编码分析,构建了创新创业教育生态系统模型。本章的主要结论包括:第一,创新创业教育生态系统包括5个主要参与主体(学生、高校、政府、企业和校友)、4个主要组成部分(创新创业氛围、知识平台、实践平台和创新创业网络平台)和9个关键构成因素(创新创业思想因素、创新创业支持因素、课程因素、师资因素、社团因素、实践活动因素、政府因素、企业因素和校友因素)。第二,根据参与主体、组成部分和关键构成因素之间的相互关系,构建了适合我国的创新创业教育生态系统模型。第三,基于研究结果提出了我国创新创业教育生态系统进一步发展的政策建议。

创新创业教育;生态系统;案例研究;参与主体;组成部分;关键构成因素

2014年李克强总理在达沃斯论坛上首次提出"人人创新、万众创新"的口号,而后在2015年政府工作报告中将其进一步修改为"大众创业,万众创新"。之后,"众创"便屡屡出现,成为当今中国的热点话题。不仅仅在中国,在世界范围内,创业也成了热点。学者们除了关注创业型企业当中出现的各种问题和影响因素外,对如何培养具有创业能力的人才也给予了极大的重视。因此,创业教育成为当下教育界的重要研究内容(王占仁,2015;Johnson, Craig and Hildebrand, 2016; Scott, Penaluna and Thompson, 2016; Welsh, Tullar and Nemati, 2016;黄兆信和王志强,2017;任胜洪和刘孙渊,2018;张龙和田贤鹏,2019)。美国现在至少有400个学院和大学提供创新创业课程,包括哈佛、斯坦福等世界名校,形成了"硅谷"这样兼具规模和影响力的新创业企业集群。除了美国,英国政府也启动了大学生创新创业项目,德国高等学校则提出了"创业者熔炉"的口号。我国在20世纪末以创业竞赛的形式引进了创新创业教育,虽然发展迅速,但是各大高校的创新创业教育却鲜有实业成果。麦可思研究院发布的《2019年中国大学生就业报告(就业蓝皮书)》显示,2018届大学生毕业后选择自主创业的比例仅为1.8%。因此,我国高校目前仍面临着创新创业教育如何深度普及和提高实效的问题,尤其是与开展创新创业教育较早的发达国家相比,我们究竟落后在哪里,如何缩小这种差距,这些都是理论和实践界应关心的重要问题。

创新创业教育发展至今,已经形成了较为完善的研究体系,尤其是结合生态学观点,将创新创业教育看作是全社会参与的生态建设过程的创业生态系统研究,以其兼备系统学研究的整体性和生态学研究的互联共生特性成了创新创业教育领域研究的重点内容之一。尽管学术界普遍认为创新创业教育生态系统研究是创新创业教

## 第 2 章 创新创业教育生态系统的案例研究

育发展的大势所趋（黄兆信和王志强，2017；杨晓慧，2018），但是相关研究仍处于发展阶段。尤其是关于创新创业教育生态系统中的主体应该包括什么，各部分因素之间如何互相影响等问题还有待进一步厘清（杨晓慧，2018）。有学者认为创新创业教育生态系统应该包括创业课程、创业项目和其他辅助设施，也有学者提出创业生态系统应该包括所有的利益相关者、创业文化、基础设施以及创业中心（Carvalho，Costa and Dominguinhos，2010；Caiazza and Volpe，2016）。依据经典的三螺旋理论，大多数学者认为创新创业教育生态系统是以高校、政府和企业为主要参与主体，但对其他利益相关者关注不足，且各主体内的构成要素仍然需要进一步识别，各主体之间以及主体内部因素之间的协同共生关系仍然没有得到有效解释。

针对以往研究中存在的不足，本研究将借助多案例分析和编码技术予以弥补。正所谓"他山之石可以攻玉"，我国在建设独具特色的创新创业教育生态系统时离不开学习国外的成功经验（杨晓慧，2018）。本章选择了五所来自美国、英国和日本的拥有成功创新创业教育经验的高校进行多案例研究，进一步借助扎根理论方法的编码技术，对案例高校的创新创业教育涉及的主体、组成部分和关键构成因素进行分析，从而建立出我国高校的创新创业教育生态系统模型，为创新创业教育在我国的进一步发展提供理论指导。具体而言，本章主要关注两个问题：第一，借助多案例的编码分析，总结出五所案例高校创新创业教育生态系统的参与主体、组成部分和关键构成因素，并分析创新创业教育生态系统各主体、部分和因素之间的相互关系。第二，构建我国高校的创新创业教育生态系统，并针对性地提出促进高校创业教育发展的政策建议。

## 2.1 创新创业教育生态系统的研究概述

创新创业教育的发展是一个内容不断丰富和外延不断拓展的过程:从最初学者们对创新创业教育本身的内涵进行界定,到以整体的眼光完善创新创业教育系统,再到结合环境因素构建创新创业教育生态系统。整个创新创业教育的发展呈现出循序渐进和环环相扣等特点,其发展历程如图2-1所示。

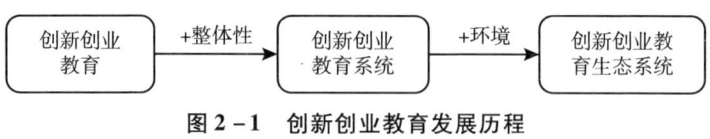

图 2-1 创新创业教育发展历程

### 2.1.1 创新创业教育的提出

创新创业教育的命名来自联合国教科文组织召开的一次国际教育会议,之后学者们对创新创业教育的概念和定义进行了广泛地讨论,目前主要形成了两种观点:第一种观点认为创新创业教育是与寻找工作、创造工作岗位有关的教育,以联合国教科文组织为代表,该组织认为创新创业教育包括"求职"与"创造新的就业岗位"两个方面的内容。这种观点下的创新创业教育是就业教育的横向扩展,简单地将创新创业教育看作与开办企业等同,是一种对创新创业教育较为狭义的理解(Azimi and Kirby,2017)。第二种观点认为创新创业教育是对学生综合素质进行全方面培养的教育,以百森商学院为代表,该学院为未来几代人设定"创业遗传代码"、造就最具革命性的创业一代的教育理念正是这一思想的体现。这种观点下的创新创业教育重点在于对个体创新能力的培育,是对创新创业教育广义上的理解,也是现在较为广泛接受的创新创业教育的概念(黄兆信和王志强,2013)。

虽然学术界一直在反复讨论创新创业教育的概念,但是其本质却从未发生过变化。一方面,创新创业教育的逻辑起点在于"创新创业",强调对学生冒险精神和探索兴趣的激发与培育,借此培养创新思维,以提高学生在不确定环境下采用创造性想法解决问题的可能性。另一方面,创新创业教育的逻辑重点在于"教育",其本质在于通过一定的手段激发学生身体和心灵内部的潜在能力,也应该是通过高校系统化的设计,激发学生潜在的创业精神,使其能够主动地利用掌握的知识和技能,把握时机采取创业行为(任胜洪和刘孙渊,2018)。

## 2.1.2　创新创业教育系统的形成

随着创新创业教育研究的逐渐深入,系统的研究框架开始形成。已有研究分别从创新创业教育的内容、教学方法和成果评估三方面进行了探讨。在创新创业教育的内容方面,团队精神、人际交往能力和社会意识都被认为是创新创业教育技能培养的主要内容,社会资本、公益创业等理念应该蕴含在不同层面的创新创业教育课程当中(Gilmeanu and Gauca,2017)。卡茨(Katz,1996)提出了四种对创新创业教育内容的资源支持,分别是学术创业计划、基于文本的创业教学资源、基于网络的创业教学资源和创业研究资源(Katz and Green,1996)。在创新创业教育的教学方法方面,雷和卡斯韦尔(Rae and Carswell,2000)认为教学内容的有效实施离不开教学方法的得当运用,比如将故事应用到教学当中的教学方法可能更适合创新创业教育，有助于学生将经验知识转化为实践（Rae and Carswell，2000），而跨学科的教育实施模式也将为创新创业教育提供新的思路与方向（Envick，2006）。在创新创业教育的成果评估方面，可以从开设的课程数量、任职教师的论文发表数量、对所在社区的影响力、在校学生及毕业生创建的企业、创业导致的创新五个方面来进行（Fayolle，Gailly and Lassas-Clerc，2006）。

创新创业教育在中国也得到了重点关注和研究。通过对我国高校已经开展的创新创业教育的广泛调查，木志荣（2006）认为科学地设置创新创业类的综合课程，并给予优秀的师资力量予以配合，两者将有力推动我国创新创业教育向前发展，而通过"目标""过程""激励"三个子系统可以更好地完善大学创新创业教育系统（刘兰剑和张瑜，2010）。借助系统论观点，已有研究构建了由创业知识管理系统、组织运营系统和资本积累系统组成的创新创业教育系统和包括价值、课程教学、实践教育、运行和评价体系五个方面内容的"广谱式"创新创业教育系统（莫光政和葛兵，2011；王占仁，2015）。

### 2.1.3 创新创业教育生态系统的发展

随着研究的进一步深入，创新创业教育已经从原本的新生理论变得逐渐丰富起来。结合生态学的观点，将创新创业教育系统与环境紧密联系起来形成了创新创业教育又一个新的研究方向。马里兹、琼斯和施韦策尔（Maritz，Jones and Shwetzer，2015）根据对澳大利亚大学的研究提出，创新创业教育体系是一个利益相关者之间紧密互联的生态系统。这个系统像生物体一样，从外部汲取信息和资源等要素来丰富高校内部的创新创业教育内容与活动，而在系统内的其他因子也从高校获得自身发展所需要的知识和信息等资源，这样的良性互动使得整个系统能够健康运行和循环发展（黄兆信和刘燕楠，2015）。其实，创新创业教育生态系统就是将高校在创新创业教育实施过程中的各种因子看作彼此关联的有机整体（Mckeon，2013）。黄兆信（2016）则认为，创新创业教育生态系统应该是围绕大学生和教师这两个关键主体构建的包含内生源要素、发展性要素和支持性要素等不同要素的复杂系统。从创新创业教育的本质出发，创新创业教育生态系统是"创新创业性"和"教育性"的融合，应该具备开放互联和内生成长两个特征，实现从知识生产到知识扩散再到价值扩散的创造过程（王志强，2014；黄兆信，2016）。创新创业生态系统的建设是一种面向未来的创新创业教育，为此高校需要制定长远的战略规划，打造与区域协同发展的创新创业生态链（徐小洲和倪好，2018）。

## 2.1.4　研究评析

通过对已有研究的回顾可以发现，学者们对于创新创业教育的概念以及创新创业教育向创新创业教育生态系统发展的趋势进行了探讨，并取得了大量的研究成果。然而现有研究尚存在如下不足：第一，在研究内容方面，创新创业教育生态系统作为一个整体，需要用系统的眼光来进行研究。王志强和杨庆梅（2017）在对 2000~2016 年教育领域 CSSCI 期刊的文献进行分析后发现，创新创业教育的体系、实践机制、课程和文化等方面的研究分别占到了已有研究总量的 38%、15%、6% 和 5%，有关创新创业教育生态系统的主体、构成因素和整体性研究则较为分散。创新创业教育生态系统的主体是创新创业教育的主要和直接参与人，而构成因素是整个创新创业教育生态系统研究的基础内容，整体性则是创新创业教育生态系统作为可持续发展的系统所必须要具备的特征。厘清创新创业教育生态系统的主体和构成要素,并以整体性视角分析各要素之间的协同共生关系,不仅能够有效指导尚未形成创新创业教育生态系统的高校建立良性循环的创新创业教育生态系统,还能够帮助已经建立创新创业教育生态系统的高校进行自评和自查,及时发现不足进行改进和提高,对于提升我国创新创业教育整体质量具有重要作用。第二,在研究方法方面,目前国内有关创业教育生态系统的研究大多以单案例的定性研究为主,既缺乏大样本的实证研究,也缺少多种分析方法的综合利用(王志强和杨庆梅,2017)。本章的研究虽然也属于定性研究,但所采用的多案例研究方法已经被前人所证实,是可以用于构建理论的科学方法(Yin,1984;Harris and Sutton,1986;Gersick,1988)。相比于单案例研究,多案例研究遵循可以"复制"的案例设计原则,将一系列的案例都看作一系列实验,每个案例都用来证实或者否定从其他案例得出的结论(Yin,1984),使得研究结果更具有普适性(Eisenhardt and Graebner,2007)。

## 2.2 创新创业教育生态系统构建的研究设计

本章将通过对国外五所案例高校的创新创业教育生态系统成功经验的总结,以期解答"成功高校的创新创业教育生态系统包含哪些主体、主要组成部分是什么以及关键构成因素有哪些"等一系列问题,进而构建出适合我国高校的创新创业教育生态系统。案例研究方法能够通过归纳、类比等方式,对现实中存在的问题进行理论上的回答,对于解释"是什么"(what)和"怎么样"(how)一类的问题具有良好效果(欧阳桃花,2004)。而且多案例研究相比于单案例研究来说,能够通过多个案例的反复验证,增强研究的信效度,使得构建出的模型更具有普适性(Yin,1984)。

多案例研究的主要研究思路可以分为三类:一是将多个案例进行分类,从而发现不同类别中案例的异同;二是将案例进行配对,从而实现对案例特征的比较;三是将多个案例并列,凸显共同的特点(黄浩和荆林波,2019)。本章主要结合了第一种和第三种思路,并利用扎根理论方法的编码技术,在系统地收集资料后,对多个案例之间的共性进行分析,从而构建我国高校创新创业教育生态系统模型。

## 2.2.1 案例对象的选取

在案例选择上,目前对于多案例研究的案例数量尚未形成一致的标准,一般而言在3~6个左右(Yin,1984)。通过反复比较,对案例高校是否体现了典型的创新创业教育生态系统,结合数据可获得性、保证理论饱和下的最少案例数等客观条件,本章最终选择了美国百森商学院、美国麻省理工学院、美国斯坦福大学、英国牛津大学和日本大阪商业大学,理由主要有以下三点:

第一,考虑了文化的多元性。欧美国家的创新创业教育虽然成果丰硕,但考虑到我国属于东方文化,与西方文化具有一定的差异性。因此,东方文化背景下典型的高校创新创业教育案例成为多案例研究中必不可少的一部分。大阪商业大学是同属东方文化的日本的创新创业教育下的成功高校,对于文化差异的弥补将起到重要的作用。

第二,考虑了样本的代表性。美国作为世界上最早开展创新创业教育的国家,其创新创业教育发展时间最长,许多新的理念都是从美国大学中产生再向世界范围传播的。与美国自主由市场引发的创新创业教育不同，欧洲形成了政府为主要引导的大学创新创业教育。而日本作为亚洲发达国家，从第二次世界大战后引进的创新创业教育也在战后恢复过程中起到了巨大作用，成为创新创业教育成功实施的典范之一。因此，美、英、日三国的高校受到了本研究的关注。案例所选取的五所高校均是各自国内创新创业教育排名靠前的学校，尤其是百森商学院、斯坦福和麻省理工，其创新创业教育的模式被很多国家的高校学习。

第三，考虑了不同高校创新创业教育的实力及特色。百森商学院是美国最早开始创新创业教育的高校，其教学理念一直在全球领先；麻省理工学院则是第一个提出创业生态系统的院校；斯坦福大学与硅谷传奇之间密不可分的关系也让它的创新创业教育在全球范围内得到了认可。美国是创新创业教育的发源地，三所美国高校之间既有区别又有联系，对这三所高校的分析能够较为全面地了解美国创新创业教育生态系统的模式，归纳出一般规律。在美国创新创业教育生态系统模式的基础上，补充和添加英国以及东亚文化的日本的创新创业教育生态系统模式，有利于形成更为全面性的创新创业教育生态系统模型。牛津大学作为英国大学的翘楚，其创新创业教育具有与美国大学不同的独特魅力；而日本大阪商业大学在日本第二次世界大战之后经济复苏的特殊时期，充分地发挥了一所高校的社会作用，也十分具有研究意义。在补充了英国和日本高校的案例后，本章进行了理论饱和度的检查，未发现有新的构念出现，因此，以五所高校的成功经验为基础构建我国创新创业教育生态系统模型是较为合适的。

## 2.2.2 案例背景

美国百森商学院由罗杰·百森（Roger Babson）于1919年创

## 第 2 章　创新创业教育生态系统的案例研究

办,以与全球经济发展相适应的独特创新创业教育闻名于世,被誉为是美国乃至世界创新创业教育的引领者。独树一帜的创新创业教育理念、科学系统的课程规划与设计、点点滴滴中渗透着的创新创业教育氛围和专注的学术研究态度是百森商学院的成功之处(韩琪瑄,2013)。

美国麻省理工学院(以下简称 MIT)由威廉·巴顿·罗杰斯(William Barton Rogers)在 1861 年创建,在创新创业教育方面已经取得了丰硕成果。截至 2014 年,世界上已经有超过 30200 家公司是由 MIT 的校友创建或经营的,他们为全球 460 多万人解决了就业问题,年收入大致与世界第十大经济体相当。整合全校优势资源的跨学科中心、可持续培养的创业核心竞争力和积极的学校—社区互动都是 MIT 能取得创新创业教育成功的关键所在。

斯坦福大学创建于 19 世纪末期,受白手起家的创始人利兰·斯坦福(Leland Stanford)影响,斯坦福的办学理念就是教导学生学以致用,因而斯坦福的创新创业教育极其注重实践,并形成了斯坦福创业网络。这个创业网络涉及全校 16 个成员组织,分属不同学院和机构,借助这种网络关系,学校内与创业有关的全部组织和机构之间的信息沟通得到加强,在全校范围内形成全员参与、全部资源得以利用的创新创业教育范式。

牛津大学是一所创建于 1096 年的老牌英国高校,具有久远的创新创业教育传统,也取得了很多成果。牛津大学在培养教师和学生的创新创业精神的教学使命促进下,利用自身的学术资源和政策支持建立了百余家业绩良好的企业。其创新创业教育采取了以创业中心为核心,调动内外部所有资源支持创新创业教育的模式,而创业中心不仅包含了以创业教育为主导的研究型中心,也包含了以加强学校与企业联系为主要目的的实践型中心。

大阪商业大学坐落于有"中小企业胜地"之称的日本东大阪市，以"培养对世界有用的人才"为教育理念。学校将创新创业教育的重点放在了关注学生的洞察力和解决实际问题的能力上。通过创业先锋班的形式，大阪商业大学集合了校内全部的优势资源，对学生进行针对性培养，同时极具先见性的与高中部保持了紧密的联系，将大学内的部分创新创业教育教学内容提前至高中进行开展，延伸了创新创业教育的生命线。

受限于篇幅，五所案例高校的详细基本创新创业教育情况如表2-1所示。在我国极具特色的情境和文化下，中国高校形成了与美、英、日高校既有相似性又有差异性的办学理念和方法，这一点从教育资金的来源上可以得到充分的体现。高校的办学资金来源大致有政府拨款、校友捐赠和自主获得三种途径，美、英、日大部分高校主要依靠后两种途径，这也使得它们在教学上更加独立自由，与毕业生的密切联系成了高校进一步发展的助推力量。而中国高校的资金来源中，政府拨款占据了主要地位，这导致中国高校在方向性决策等问题上受到政府行政管理的极大影响，而校友捐赠的强大潜力却还待激发。在构建中国高校创新创业教育生态系统的过程中，各高校应在国外先进经验的挖掘中得出一般性的结论以指导中国高校的创新创业教育，在构建过程中也要逐渐发现和发挥国内高校的特色，最终形成适合中国高校的创新创业教育生态系统。

## 第2章 创新创业教育生态系统的案例研究

表2-1 案例高校创新创业教育基本情况

| 国家 | 百森商学院<br>美 | 麻省理工大学<br>美 | 斯坦福大学<br>美 | 牛津大学<br>英 | 大阪商业大学<br>日 |
|---|---|---|---|---|---|
| 办学理念 | 为美国的大学生设定"创业遗传代码",以造就"最具革命性"的创业一代 | 培养学生具有创新精神,更加注重实践,强调理论和实践的知行合一 | 大学应该成为研究与发展中心,培养师生的创业精神 | 培养创业精神 | 培养对世界有用的人才 |
| 创新创业教育课程 | 课程设置由战略与商业机会、创业者、资源需求与融资、企业五部分组成,构建了"创业课程+课外活动+研究"为一体的创新创业教育课程体系 | 开设了超过60门创业相关系列课程,包括核心创业技能课程、行业创业课程、创立公司与企业发展课程 | 课程模块由创业基础课、体验式课程、功能性课程、行业特定课程、社会创新课程组成 | 以商学院为母体,提供与创新创业教育相关的学科集群课程与项目培训,创业课程由核心课程+选修课程+集成项目+应用创业实践+人才发展计划五个模块构成 | 每年从一年级新生中选拔出25名富有创业意愿和想法的学生组成创新创业教育先锋班(OBP),课程包含公共经营学科、经济学科、商学科、经营学科的内容 |
| 创新创业教育师资 | 不仅拥有学术造诣高深的专业教授,还有具有丰富实战经验并具有创业理论研究功底的创业导师 | 创建了由学科型学者、成功企业家和经验丰富的风险资本家组成的授课团队 | 教师队伍构成上呈现多元化构建的特点,教师均有企业实训的经历,学校鼓励教师开展创新创业 | 导师包括一名学术导师和多名预约制的创业导师。学术导师多为商学院教师,创业导师则多为商界精英 | OBP班级有专职创业师资,采取小班教学的方式 |

续表

| | 百森商学院 | 麻省理工大学 | 斯坦福大学 | 牛津大学 | 大阪商业大学 |
|---|---|---|---|---|---|
| 国家 | 美 | 美 | 美 | 英 | 日 |
| 创业组织 | 卓越创业者协会 | 麻省理工学院创业中心 | 校友联盟组织；创业研究中心 | 牛津商业校友会；牛津创业者联盟；牛津创业俱乐部 | 创新创业教育研究小组；OBP课程协会 |
| 特色活动 | "成功跨代创业实践"项目 | 10万美元创业大赛；创业启动项目 | StartX加速器；斯坦福创业网络 | "全球机遇与挑战"项目；"种子基金"加速器 | 面向高中的商务创业大赛；针对社会人士的创业培训 |
| 创新创业教育成就 | 本科生创业学院连续20年全美第一；研究生创业学院连续24年位列全美第一（1994～2017年） | 科林（Colin）和海伦（Helen）在麻省理工学院校园内创立了iRobot公司 | 杨志远在斯坦福大学的校园创业大赛中创建了雅虎 | 牛津大学是全欧洲毕业生创立"独角兽"企业最多的高校 | 大阪商业大学目前已经有近70年的创新创业教育历史，是日本创新创业教育的先驱 |

资料来源：作者根据相关资料与文献进行整理。

## 2.2.3 数据收集

本章主要采用二手数据进行案例研究，基于以下三方面的考虑：第一，一手资料收集难度大。创新创业教育是一个动态演化的过程，案例高校都具有较长的创新创业教育历史，进行全面一手资料收集的难度较大。第二，一手资料收集缺乏经济可行性。案例高校的创新创业教育均已演变为全校范围内的一种整体合作教育模式，很难通过对于其中某一部门或负责人的访谈收集全部资料，且大范围的一手资料收集将花费大量的人力物力（Campbell，1975）。第三，多来源的二手资料可以保证研究的可靠性。本章选取的二手资料来源丰富，既有高校官网披露的信息，也有权威媒体的报道和业内著名期刊杂志的信息，对于资料内容的可靠性有一定的保障（苏敬勤和刘静，2013）。第四，二手数据的可追溯性。期刊和报道等二手数据均可以向前追溯，提高了多案例研究的经济可行性，容易形成纵向的动态追踪，便于资料的前后对比分析（Leonard-Barton，1990）。

本章采用三角测量法来提高已收集数据的可靠性和有效性（Miles and Huberman，1994），主要数据有以下三个来源：第一，各大检索库中收录的有关案例高校创新创业教育的论文以及专著（后续编码过程中标注为"P"）。第二，案例高校官网以及相关报道（后续编码过程中标注为"S"）。第三，互联网和报纸杂志等全球各大主流媒体披露的信息，主要包含文字、视频、照片等资料（后续编码过程中标注为"W"）。各数据来源的具体示例信息如表2-2所示。通过这些数据的收集，本章为所有案例高校建立了研究数据库。本章在对单案例进行分析的基础上，进行案例间的重复验证和横向对比，保证了理论提炼的饱和性。

表 2-2　　　　　　　　　不同数据来源信息示例

| 数据来源 | 主要渠道 | 示例 |
| --- | --- | --- |
| 论文专著 | 中国知网 | 论文《国际高等教育领域创新创业教育的生态系统模型和要素研究——以美国麻省理工学院为例》《英国高校创业教育生态系统建设及启示》等；专著《研究型大学与美国国家创新系统的演进》《众创时代高校创业教育新探索》等 |
| | Web of science | 论文《创业生态系统》（The Entrepreneurship Ecosystem）、《美国创业教育的年代和智力轨迹：1876-1999》（The chronology and intellectual trajectory of American entrepreneurship education：1876-1999）等；专著《创新的引擎：21世纪的创业型大学》（Engines of innovation：The entrepreneurial university in the twenty-first century）等 |
| 学校宣传 | 高校官网 | 百森商学院官网（https://www.babson.edu/）有一句口号"在百森，我们培养了各种各样的企业家（At Babson, we create entrepreneurs of all kinds）"，彰显着该校对创新创业教育的重视；麻省理工学院的官网首页上有关于"100万美元竞赛"的宣传和介绍（https://www.mit100k.org/），可见该活动在校内的受欢迎程度 |
| 媒体宣传 | 媒体网站 | 全球化智库（CCG，http://www.ccgidea.org.cn）可以查询大学生创业数据和报告；美国考夫曼基金会（https://www.kauffman.org）发布美国大学相关的创业调查数据以及其他主流媒体的门户网站发布的相关信息 |

## 2.2.4　数据编码策略

扎根理论方法已经被证实是一种可以通过二手数据构建理论模型的科学研究方法，扎根理论方法的编码技术能够借助系统化的资料搜集、分析与发展等步骤来验证理论（Strauss，1987；周江华，仝允桓和李纪珍，2012）。借鉴卡宾和施特劳斯（Corbin and Strauss）的编码策略，本研究的编码策略具体操作如下：第一，成立包含作者在内的专门编码小组。由小组成员分别独立进行案例资料的筛选、归纳、编码，如果遇到编码不一致的情况，由成员共同进行探讨直至达成一致。第二，建立动态数据库。将本研究涉及的各种期刊文献、杂志报道以及互联网资源进行收集汇总,建立一个包含所有初始资料的数据库,并在编码过程中不断进行补充和修改。第三,比较分析动态编码过程。在编码过程中,对于新提出的编码结果要反复与已有编码结果进行对比,反复确认是否属于新的范畴(Corbin and Strauss,2016)。

## 2.3 创新创业教育生态系统构建的数据分析

### 2.3.1 开放式编码

开放式编码是案例编码的第一步,主要作用是从纷繁复杂的原始数据中分解和提炼出相关的内容,并对其进行概念化和范畴化。通过对各种渠道收集到的数据进行初步的提炼,得到48个初始范畴。限于篇幅,以9个开放式编码为示例,如表2-3所示。

表2-3　　　　　　　　开放式编码示例

| 典型引用 | 初始范畴 |
|---|---|
| 百森:为未来人才设定"创业遗传代码"(S);<br>麻省:培养能引导各行业发展的带头人,培养可持续的核心竞争力(S);<br>斯坦福:培养师生的创业精神是斯坦福大学的重要使命之一(S);<br>牛津:培养创业精神是牛津大学的重要使命之一(S);<br>大阪:以"培养对世界有用的人才"为理念(S) | 教学理念<br>有创业思想 |
| 百森:校园内部创业教育研究机构及各类资金对创新创业教育进行支持(S-W-P);<br>麻省:麻省理工学院创业中心(S-W-P);<br>斯坦福:斯坦福大学创业研究中心(S-W-P);<br>牛津:牛津铸造创业中心(S-W-P);<br>大阪:创业教育研究小组(S-W-P) | 创业组织机构 |

续表

| 典型引用 | 初始范畴 |
|---|---|
| 百森：由战略与商业机会、创业者、资源需求与商业计划、企业融资和快速成长五部分组成（P）；<br>麻省：超过60门创业相关系列课程，包括核心创业技能课程、行业创业课程、创立公司与企业发展课程等（P）；<br>斯坦福：课程模块由创业基础课、体验式课程、功能性课程、行业特定课程、社会创新课程组成（P）；<br>牛津：创业课程由核心课程+选修课程+集成项目+应用实践+人才发展计划五个模块构成（P）；<br>大阪：课程包含公共经营学科、经济学科、商学科、经营学科的内容（P） | 课程种类多 |
| 百森：专业教授和创业经验丰富的创业导师共同执行课程（W-P）；<br>麻省：教学研究团队由创新创业教育相关领域的权威教授、成功企业家、政府相关部门专家学者组成（W-P）；<br>斯坦福：除了专职教师队伍外，还邀请企业内的优秀科研人员和成功创业的企业家以及投资家担任顾问或到学校演讲（W-P）；<br>牛津：教师来自不同国家，不同领域，许多企业的科研人员、政府工作人员、社会活动家也是牛津教师队伍的重要组成部分（W-P）；<br>大阪：定期邀请高中部教师们、在职者培训教师、政府以及行业协会对创新创业教育的进展以及教学方法进行交流（W-P） | 多元化教师团队 |
| 百森：拥有"卓越创业者协会"等100多个创业社团组织（S-P）；<br>麻省：学生组建了"能源俱乐部""金融俱乐部"等创业组织（S-P）；<br>斯坦福：以"创业学生商业联盟"为代表的学生创业俱乐部（S-P）；<br>牛津：牛津创业俱乐部等组织经常举办创业活动（S-P）；<br>大阪：学生在OBP课程中加入合适的团队组织进行学习（S-P） | 学生参与社团活动 |
| 百森：创业计划大赛（S-W-P）；<br>麻省：10万美元创业大赛（S-W-P）；<br>斯坦福：校园创业计划竞赛（S-W-P）；<br>牛津：商业计划大赛（S-W-P）；<br>大阪：全国高校商务甲子园活动（S-W-P） | 创业竞赛 |
| 百森：百森校友资源网络为创业提供支持（W-P）；<br>麻省：创新创业教育资金的一部分来源是优秀校友回报（W-P）；<br>斯坦福：成立校友联盟组织（W-P）；<br>牛津：成立牛津商业校友会（W-P）；<br>大阪：组织"OBP课程协会"促进毕业生和在校生交流（W-P） | 拥有校友网络 |
| 美：联邦政府制定了《专利法》等法律法规支持创办企业（W-P）；<br>英：建立国家创新创业教育中心推动青年创业（W-P）；<br>日：颁布《中小企业新事业活动促进法》来支持创业（W-P） | 政策引导 |

续表

| 典型引用 | 初始范畴 |
|---|---|
| 百森：与核桃风险联营公司达成战略合作（S-W-P）；<br>麻省：创立了全球产业联盟（S-W-P）；<br>斯坦福：与当地科技企业建立了合作关系（S-W-P）；<br>牛津：与脸书（Facebook）在市场营销领域达成合作（S-W-P）；<br>大阪：向地区企业提供创业培训支持（S-W-P） | 企业援助合作 |

注：括号内为典型引用的信息来源，"S"代表学校官网、招生信息等学校发布的信息，"P"代表以往文献研究中涉及的信息，"W"代表互联网报道等资料。
资料来源：作者根据相关资料与文献进行整理。

## 2.3.2 主轴编码

主轴编码的作用是通过对初始范畴之间的逻辑关系进行整理，抽象出更高层次的范畴。通过对开放式编码得到的初始范畴和原始资料的进一步比较分析，作者对初始范畴进行了主轴编码，最终将48个初始范畴归纳为9个主范畴，表2-4展示了主轴编码的结果。

表2-4　　　　　　　主轴编码结果

| 副范畴 | 主范畴 |
|---|---|
| 创新创业教育历史悠久；**教学理念有创业思想**；办学理念注重实践 | 创新创业思想因素 |
| 校领导大力支持；学校相关政策支持；**创业组织机构** | 创新创业支持因素 |
| **课程种类多**；课程设置合理；课程梯度化；课程广泛；体系完善；面向全校学生；课程新颖；考核有效；跨学科；模拟类课程 | 课程因素 |
| **多元化教师团队**；高水平教师团队；教学评价合理；教学手段丰富；教学理念先进；专业创业教师；交流频繁；教师培训；绩效包含创新创业教育 | 师资因素 |
| **学生参与社团活动**；社团的影响力大；社团参与人数多；共同爱好者聚集；组建创业团队；校园创业网络 | 社团因素 |

续表

| 副范畴 | 主范畴 |
| --- | --- |
| **创业竞赛**；实践基地；创业讲座沙龙；创业交流活动 | 实践活动因素 |
| **政策引导**；与政府保持沟通；合作开展项目；承担政府工程；政策倾斜 | 政府因素 |
| **企业援助合作**；承担企业培训；开办校企；建立创业基地 | 企业因素 |
| **拥有校友网络**；校友积极回馈；校友参与活动；优秀校友支持 | 校友因素 |

注：加粗字段为开放式编码阶段的示例（见表2-3）。

## 2.3.3 选择式编码

选择式编码是对主范畴的进一步抽象，依据主范畴之间的联系来使得最后得到的核心范畴能够成为一个统一的整体。在进行这一项工作的同时，也要不断地与原始资料库中的数据进行互动比较，防止遗漏和偏差。在这个过程中，作者以高校为中心，以学生和各种资源作为创新创业生态系统的输入，以学生创新精神和能力的培养和提高为系统输出，建立了高校内外连接的逻辑线，并以此对各个主范畴进行了进一步的整合。

一方面，依据高校内各主范畴的不同内容对其进行了编码。其中，主范畴"创新创业思想因素"和"创新创业支持因素"都体现了高校自上而下对于创新创业教育的重视程度，包括校训和校领导的支持等行为反应。鉴于以上两个因素对于校园内文化氛围的影响至关重要，并且它们的影响也较多通过环境来传递，将它们命名为"创新创业氛围"，即高校通过各种行动表达对于创新创业教育的支持和重视，在整个校园内大力发展创新创业教育的一种文化氛围。主范畴"课程因素"和"师资因素"根据以往的研究（何郁冰和丁佳敏，2015；王占仁，2015；杨晓慧，2015），都是创新创业教育的主要内容和构成部分，因而将其合并为"知识平台"，即大学通过创新创业教育的课程开展和优秀教师资源的配置，向学生系统地传授创新创业知识的过程，是整个创新创业生态系统的基础部分。主范畴"社团因素"和"实践活动因素"反映了高校为开展创新创业教育而进行的实践活动，因而将其合并为"实践平台"。

另一方面，高校内的主范畴通过与高校外的主范畴合作，进一步提升该范畴在系统中的作用和意义。基于此，将主范畴"政府因素""企业因素"以及"校友因素"这三个大学校园以外的且能对创新创业教育产生影响的重要关联因素，合并为"创新创业网络平台"。

### 2.3.4 研究发现

基于对 9 个主范畴的进一步关系分析和逻辑归纳，本研究发现：在高校创新创业教育生态系统中，学生是创新创业教育培养的对象，高校负责整合各方资源，这些资源既包括高校内自主产生的创新创业知识和实践资源，也包括政府、企业和校友这些校外投入进来的资金和人力资源。按照各种资源的职能不同，在选择编码的过程中，将它们分散进入四个部分，也就是高校创新创业教育生态系统的四个主要组成部分，分别是创新创业氛围以及知识平台、实践平台和创新创业网络平台。这四个主要组成部分包括 9 个主要的因素：创新创业思想因素、创新创业支持因素、课程因素、师资因素、社团因素、实践活动因素、政府因素、企业因素以及校友因素，图 2-2 的模型图展示了它们之间的相互关系和作用。

▶▶▶ 创新创业教育生态系统构建

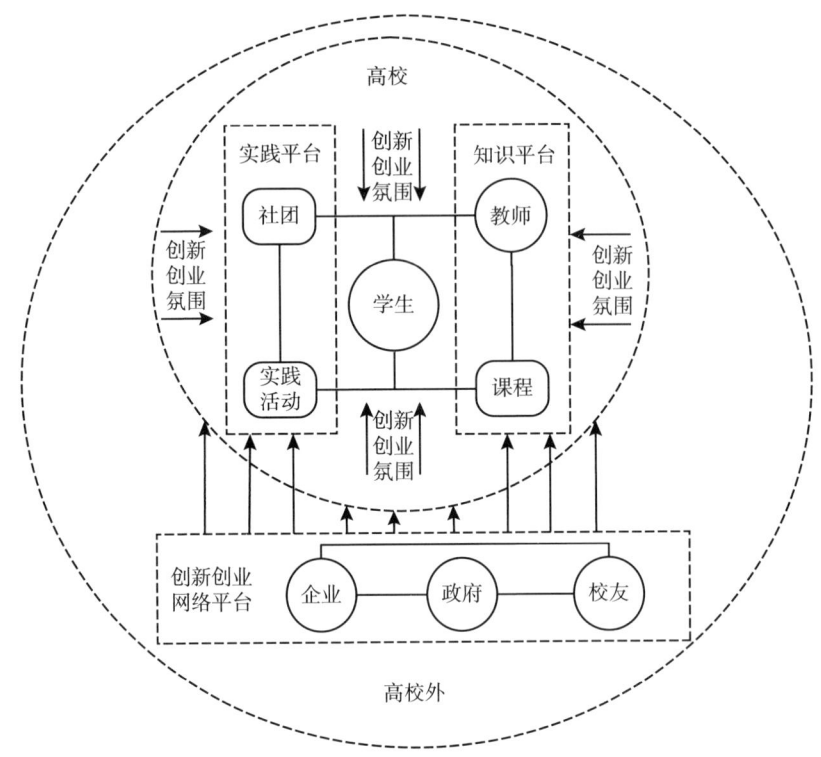

图 2－2　高校创新创业教育生态系统模型

"创新创业氛围"指的是高校通过各种行动表达对于创新创业教育的支持及重视，在整个校园内大力发展创新创业教育的一种文化氛围。"知识平台"指的是大学通过创新创业教育的课程开展以及优秀教师资源的配置，向学生系统地传授创业知识的过程，是整个创业生态系统的基础部分。"实践平台"指的是高校借助自身的资源，为学生提供将理论知识甚至是创业想法与实践相结合的机会，实现学生从课堂"走出去"，在实践活动"做中学"的课堂教学和实践活动相辅相成的校内教育格局。"创新创业网络平台"指的是高校、政府、企业和校友所形成的资源关系网络，通过各个主体间的协同配合,推动创新创业教育的循环可持续发展。就各主体间的协同作用来说,以知识平台上的教师因素为例,在创新创业教育中,多元化的教师团队是高校创新创业教育的基础和保障(严毛新,2015)。政府人员成为高校的创业导师,可以为高校里的学生送去政策和社会形势上的解读和引导;企业人员成为高校的创业导师,可以为高校学生送去第一手的市场信息和动态;优秀校友成为创业导师,为学生们带来的不仅是过往成败经历的分享,还有榜样的激励作用。在创新创业网络平台上,高校除了能够获得资金的"硬件"支持,更多的是可以得到来自政府方面的政策引导,来自企业方面的市场资源共享以及来自校友方面的情感联结等"软件"上的支持。高校以其自身为中心,借助周围环境中的政府、企业和校友的力量,形成能够帮助学生从学习创业知识技能开始,到最后将创业想法落地实现的一个创业网络平台,完成创新创业教育的全部过程和创业企业的孵化。

## 2.3.5 案例间分析

高校的创新创业生态系统是一个以培养学生为核心,在校园创新创业氛围的熏陶下,广泛借助以政府、企业和校友为代表的社会力量,通过优秀职业化的综合性教师团队,依托多样化的课程,将创新创业基础知识传授给学生,并带领他们参加丰富多彩的实践活动,使得有创业意愿的学生能够找到志同道合的伙伴,有初步创业想法或是已经掌握关键核心技术的学生能够遇到合适的社会资助,培养和开发大学生的创新创业能力并且实现校内的科研成果向实际生产转化的生态系统。为了验证模型构建过程中没有遗漏相关重要信息,利用构建出的高校创新创业教育生态系统模型对五所案例高校进行了对比分析,如表2-5所示。表2-5中列举了案例高校在

表 2-5 案例高校创新创业教育生态系统对比分析

| 创新创业教育生态系统 | 主要组成因素 | 百森商学院 | 麻省理工大学 | 斯坦福大学 | 牛津大学 | 大阪商业大学 |
|---|---|---|---|---|---|---|
| 创新创业氛围 | 创新创业思想因素 | 重在培养企业家精神和创业者素质（S-W-P） | 创业精神诞生于创校之时，"手脑并重"是校训（S-W-P） | 校训是"自由之风吹拂"，形成了开放自由的文化氛围和校园环境（S-W-P） | 牛津大学认为创新创业教育是一个培养"精英与团队联盟共生的过程"（S-W-P） | 大阪商业大学提出"所谓的企业家精神，就是创造新事业的原动力"（S-W-P） |
| 创新创业氛围 | 创新创业支持因素 | 校园内部各研究机构及各类资金对创新创业教育进行支持，如零售供应链学院，全球创新创业教育课程联盟等（S-P） | 麻省理工学院内部的独立组织，能协调大学范围内的创业活动和孵化服务（S-P） | 斯坦福大学创业研究中心给新创团队提供创业集中的支持和服务（S-P） | 牛津营造创业中心是服务于整个大学创业的孵化空间（S-P） | 创新创业教育研究小组是一个高中教师和大学之间合作研究组织，从高中开始培养学生的创业精神和能力（S-P） |
| 知识平台 | 课程因素 | 将本科四年的创业课程分为"发现—探索—聚焦"三个阶段（W-P） | 创新创业项目教学中重视跨学科协同，一个项目由多学院、多学科网络课程平台，在世界范围推广的创新创业教育（W-P） | 课程模块由创业基础课、体验式课程、行业特定技能性课程、社会创新课程组成（W-P） | 提供与创新相关教育课程与项目培训；在虚拟模拟教学模式下，师生通过设置多种模拟企业情景可运行企业运营环境（W-P） | 创业先锋班的课程完本专业要求学生先修完相关课程，随后会根据企业会动向来学习企业经营管理等实践类课程（W-P） |

# 第 2 章 创新创业教育生态系统的案例研究

续表

| 创新创业教育生态系统 | 主要组成因素 | 百森商学院 | 麻省理工大学 | 斯坦福大学 | 牛津大学 | 大阪商业大学 |
|---|---|---|---|---|---|---|
| 知识平台 | 师资因素 | 课程的开设由资深教师和富有创业经验的创业者共同执行，开展"普莱斯一百森伙伴项目"加强师资培训（W-P） | 麻省理工学院创业中心的师资团队中至少有20多人曾经是成功的创业者、商业公司的联合创始人或公司的首席执行官（W-P） | 两学期课程"创办新企业"教师齐谷创业者和风资深硅谷创业者和风投公司（W-P） | 由不同学院、领域教师共同打造并组成大型团体（W-P） | 创业先锋班设有专门的教师10余名，并且经常有企业家与学生开展面对面交流（W-P） |
|  | 社团因素 | 活跃在学院内的100多个学生社团组织，是学生召集志同道合的创业伙伴的重要途径（S-P） | 麻省理工学院有18个学生创业俱乐部，如能源俱乐部、金融技术俱乐部等（S-P） | 斯坦福大学有14个学生创业俱乐部，如斯坦福大学创业商业联盟等（S-P） | 牛津创业者联盟拥有超过1万名会员，也是全球规模最大的创业型学生社团（S-P） | 学生自愿成立了投资小组、管理研究俱乐部等社团进行活动（S） |
| 实践平台 | 实践活动因素 | "本科生创业计划大赛"和"研究生创业计划大赛"（S-W-P） | 麻省理工学院"10万美元创业大赛"迄今为止已经举办了30届，是麻省理工学院的学生和研究人员展现他们创业的才智、理念和能力的前沿平台（S-W-P） | 丰富多样的创新创业竞赛类活动，如斯坦福社会创业挑战赛等，种类齐全的创新创业学术研讨类活动，如创新创业会议圆桌会议等（S-W-P） | 牛津创业实践中的"真实世界项目"，包括创业路演、战略咨询项目等（S-W-P） | "全国高校商务甲子园"已成功举办10余届，每次都吸引上百所高中参加，作品数达到5000件以上（S-W-P） |

续表

| 创新创业生态系统 | 主要因素组成因素 | 百森商学院 | 麻省理工大学 | 斯坦福大学 | 牛津大学 | 大阪商业大学 |
|---|---|---|---|---|---|---|
| 创新创业教育网络平台 | 政府因素 | 联邦政府制定了《专利法》(W-P)；美国成立了小企业投资基金(SBIC)计划(W-P); 美国成立了小企业管理局、妇女企业中心等服务机构(W-P) | 与《拜杜法案》《技术移转商业化法》等法律法规(W-P) | 与世界200多家著名企业建立合作关系，创立了全球产业联盟(S-W-P) | 英国教育部自2004年起建立国家创新创业教育中心(NCEE)，以专业性推动青年创业(W-P) | 日本政府修改了《公司法》，颁布了《中小企业新事业活动促进法》来支持创业(W-P) |
| | 企业因素 | 百森商学院与核桃风险投资联营公司建立了合作关系，帮助学生整合创业资源(S-W-P) | 斯坦福大学的StartX加速器与旧金山湾区大部分科技企业都建立了合作关系(S-W-P) | 赛德商学院宣布和Facebook启动最新合作，联手展开对市场营销行业数字化变革的研究(S-W-P) | 针对社会人士进行创业培训，加深了学校与地区企业的联系(S-W-P) |
| | 校友因素 | 校友通过阿瑟布兰克创业中心和百森校友资源网络等对创新创业教育进行支持(W-P) | 在创新创业教育资助方面，除了政府支持、学费收入外，还有企业家捐助、优秀校友回报等形式(W-P) | 校友联盟组织"斯坦福天使和企业家团体"、校友联盟组织"，致力于加强创新创业网络的联系(W-P) | 牛津商业校友会已有超过145个国家的19300名会员(W-P) | 组织了"OBP课程协会"，加深毕业生与在校学生之间的友谊，定期举办毕业生交流会和讲座(W-P) |

·42·

创新创业教育生态系统各部分的主要组成因素中的典型举措,通过重新梳理和横向的反复对比,研究未发现新的范畴。同时,随机从原始资料库中抽取任意一条数据,均能顺利分类进入模型的各个因素中,再次证明了多案例分析达到了理论饱和。

## 2.4 政策建议

通过对国外高校创新创业教育发展历程的回溯可以发现,当高校所在国家遭遇经济发展瓶颈、失业率居高不下、大学毕业生就业困难等问题时,恰好是创新创业教育产生和迅速发展的关键时期(严毛新,2015)。对于我国来说,"新常态"下经济下行的压力越来越大,高校毕业生数量持续增加,整体大环境不容乐观。在国家大力提倡"众创"的当下,正是我国高校顺应形势、借助政策和结合区域特色大力发展创新创业教育的好时机。基于本章研究结论,特提出如下政策建议。

(1) 革新创新创业教育观念,营造创新创业校园文化。

教育部《关于大力推进高等学校创新创业教育和大学生自主创业工作的意见》中指出,创新创业教育应该是一种适应国家发展战略和经济社会发展形势的新的教学理念和模式。然而长时间以来,我国高校一直把培养企业家、号召毕业生开办企业等理念作为创新创业教育的目标和评价标准,这就走进了"创新创业教育等同于创业"的误区(李慧,张光辉和文晓巍,2016)。高校创新创业教育应该以培养学生的创新精神为目标,在教育中提倡"用创业的心态去工作",鼓励学生在平常的工作岗位上利用创造思维(黄兆信,2016),而不是让学生"为了工作去创业",这种教育理念上的革新是目前中国高校所亟须的。在正确的创新创业教育观的指导下，一方面，高校可以通过校训、教育理念等办学宗旨层面上的精神倡导，向全校师生传递创新创业思想和观念，同时大力宣传创新创业相关人物和事迹，号召和鼓励全校师生参与到创新创业活动中来，在校园内形成创新创业氛围。另一方面，高校可以通过丰富多彩的创新创业课程和实践活动，带动校园内与创新创业有关的社团、文化节等各种形式的活动的兴起，提高创业"软环境"的真实感，为学生打造一个时时刻刻可以接触到"创新创业"的校园环境，最终在全校范围内形成创新创业氛围。

（2）关注创新创业教育内容，构建多元知识平台。

在高校创新创业教育生态系统中，知识平台作为核心内容，应该体现出新时代、新中国的特色，积极响应国家政策号召，在国家需要大力发展的领域作出贡献，这就要求高校在课程设计和安排上，需要做到紧跟社会需要，把人才培养扎根在祖国大地上。尤其是疫情期间，口罩紧缺侧面反映出了我国制造业的短板，以理工科见长的高校应该及时根据形势调整创业课程安排，鼓励学生从社会现实问题出发进行创业。对于知识平台来说，不仅要重点关注课程和教师这两个关键因素，也要注意知识平台作为基础平台与创新创业教育生态系统内其他部分之间的联系（常进和陈逢文，2019）。与传统教育相比，创新创业教育在课程设计上应该体现鲜明的时代特征，达成多元化、学科交叉的目的，最终实现文化、专业和职业教育的深层融合（黄兆信，赵国靖和唐闻捷，2015）。而教师则需要从传统的单一学科专职教师向多元化的综合型教师转型，这不仅要求教师的来源需要更多样化，而且教师的综合素养也需要有所提高。对于知识平台来说，不仅要重点关注课程和教师这两个关键因素，也要注意知识平台作为基础平台与创新创业教育生态系统内其

## 第 2 章　创新创业教育生态系统的案例研究

他部分之间的联系（常进和陈逢文，2019）。特别是知识平台与社交网络平台上的政府、企业还有校友之间的互动，能够帮助知识平台的教学效果更好地实现。学生创新创业精神和素质的培养中需要大量无法通过语言传递的、难以编码的默会性和实践性知识（严毛新，2015），当高校内的知识平台与社交平台形成广泛而密切的合作时，这类知识会自然而然地由社会上的实业者向高校内的师生传播，增强创新创业教育内容的质量和实践性。尤其是在技术飞速发展的市场环境下，大数据、云计算等数字技术降低了大学生创业的门槛，互联网给大学生提供了更为便利的创业和交流平台。高校一方面可以加大对互联网技术或应用的普及，通过学习网络技术来帮助相关专业学生发现创业机会，比如，鼓励计算机相关专业学生开发服务于课堂和生活的小程序和技术，为非商科的学生增加虚拟课堂等模拟课程，利用人工智能、增强现实（AR）等技术让学生在课堂上感受市场实战等。另一方面也可以利用互联网技术整合创业资源，比如，疫情期间各大高校纷纷开展了线上课堂、线上招聘等活动，在正常开学后，仍然可以保留线上课堂的形势，邀请优秀校友进行讲座或者对创业团队进行"云指导"，最大化发挥互联网的便捷性。

（3）加强理论与现实的结合，形成特色实践平台。

国务院办公厅《关于深化高等学校创新创业教育改革的实施意见》指出，各高校要加强专业实验室、创业实验室等试验教学平台的建设，深入实施大学生创新创业训练计划，这对高校建立实践平台具有指导性意义。一般而言，实践平台上较为传统的方法是依托创业类社团和举行创业类竞赛，召集有想法、有兴趣的大学生组成创业团体，在校园内形成创新创业社团集群。而在互联网时代，互联网技术的应用可以为实践平台的完善提供帮助。一方面，在课程讲授过程中应用互联网上的模拟平台进行虚拟创业实验，吸引学生兴趣的同时，也能加深对知识的理解。另一方面，借助电子商务平台，通过开办"网店"等形式来实现创新创业教育成果的检验和创新创业想法的落地。在实践平台的搭建和完善过程中，尤其注重高校所在地区的优势利用，或利用当地的自然资源进行新产品开发与实验，或利用当地的文化资源进行品牌宣传与创造。将地区优势整合进高校创新创业教育生态系统，一方面有利于高校成果服务于地方，另一方面有利于高校获得地方的更多支持，形成特色。

（4）区域内整体联动，平台上多方协作。

《关于深化高等学校创新创业教育改革的实施意见》的基本原则之一就是"坚持协同推进，汇聚培养合力"，形成全社会关心支持创新创业教育和学生创新创业的良好生态环境。教育需要全社会的共同参与，创新创业教育更是如此（朱浩，2019）。尤其是在当下的"双创"时代，高校应该发挥自己在创新创业教育生态系统中的中心优势，整合各方资源，为学生提供完善全面的从创新创业想法诞生到新企业成立，乃至之后企业运营的"一条龙"式服务。在各方资源中，高校尤其要关注政府、企业和校友三方面的关键资源，特别是高校通过创新创业教育完成的科研或实践成果在转化落地的过程中要广泛借助这三方的力量（魏玲玲和马小辉，2019）。就政府而言，一方面高校应借助政府的力量为成果寻求权威的认证，获得知识产权保护和官方资助；另一方面，高校可以借助政府平台针对性地寻求成果转化的合作伙伴。就企业而言，一方面企业可以为高校提供成果落地的物质保障；另一方面也可以接纳参与该项目的学生进入企业工作。就校友而言，一方面校友本身可能会提供资金或信息等资源上的支持；另一方面校友可以借助自身的经验

## 第 2 章 创新创业教育生态系统的案例研究

在创业项目上给予指导。以高校为中心,以锻炼和培养学生为立足点,高校、政府、企业和校友四方携手联动,积极结合本地区特色,建立"大学—产业—个体"之间开放合作的创业平台,完成教书育才的同时也容易形成具有当地特色的产业集群,助推经济发展(常进和陈逢文,2019)。

# 课程体系篇

基于能力成熟度模型,依据大学生创新创业能力的发展轨迹提出了创新创业课程体系的设计方法;基于个人—环境匹配理论,依据多主体的不同供求情况,从个人—环境整体匹配程度的视角出发提出了创新创业课程体系的设计方法;基于辽宁省高校的调查数据,提出了供需匹配差异度测算公式,并对学生—学校与学生—教师供需匹配情况进行了实证研究。

# 第 3 章　基于能力成熟度模型的创新创业课程体系设计

基于能力成熟度模型，本章依据大学生创新创业能力的发展轨迹提出了创新创业课程体系的设计方法。本章的主要结论包括：第一，引入成熟度思想，通过建立大学生创新创业能力成熟度模型对大学生创新创业能力发展轨迹进行描述，模型基于创新能力和创业能力两个维度，包含无序级、初始级、提升级、优化级和实践级五个能力成熟度等级，形成了阶梯式的大学生创新创业能力提升框架。第二，在模型构建的基础上，提出了动静结合的课程体系设计方法，其中以静态课程体系为主体，包括课程内容体系和课程结构体系两部分，以动态课程体系为补充，包括检查测评和差异修复两部分。

创新创业；能力成熟度模型；静态课程体系设计；动态课程体系设计

在当前严峻的就业形势下，创新创业能力已经成为当代大学生的必备素质。2015 年国家发布的《关于深化高等学校创新创业教育改革的实施意见》也强调了目前我国人才市场对创新创业人才的迫切需求，大学作为最主要的创新创业人才培养基地，应将深化创新创业教育改革放在重要位置。创新创业课程体系是创新创业教育目标转化为教育成果的纽带，因此，优化创新创业课程体系应是发展创新创业教育的重中之重。

1947 年，哈佛商学院的迈赖斯·迈斯（Myles Mace）教授率先为美国高校 MBA 学员开设《新创企业管理》（Management of New Enterprise），该课程被认为是创业教育在大学的首次出现，这门课程也是美国大学创业教育的第一门课程。经过几十年的发展，国外的创新创业课程体系已相对成熟，不同院校之间的课程体系既有共通之处又各有千秋（胡桃和沈莉，2013；包水梅和杨冬，2016；黄兆信等，2016）。我国对创新创业课程体系的研究起步较晚，现有研究主要集中在以下三方面：第一，在课程内容方面，强调重视实践和重视创新创业教育与专业结合两个方面，前一方面的研究探讨了实践教学对创新创业教育的重要性，提出应当增加实践课程在课程体系中的比重，为学生提供良好的实践环境（王占仁，2016）；后一方面的研究则指出创新创业教育应该成为高等教育内容的一部分，而不是与专业教育剥离开来（张鸽，2012）。第二，在课程对象方面，强调创新创业教育不应是"精英式"教育，而应是面向全体学生的创新创业课程（黄兆信，2017）。第三，在课程构建方面，将不同领域的理论引入创新创业课程体系的构建中来，例如李静、殷埝生和郁汉琪（2017）以大工程链项目化教学为载体，按照宏观产业链中不同位置的人才需求重构了创新创业课程教学体系。

综上分析，我国的创新创业课程体系建设已经取得了一定成果，

#### 第3章 基于能力成熟度模型的创新创业课程体系设计

但是还没有真正做到从学生创新创业能力的角度出发,无法很好地贴合学生创新创业能力的发展轨迹。大学生创新创业能力的发展是一个不断渐进和完善的过程,在每一个阶段提供与学生创新创业能力发展程度相匹配的课程可以提高创新创业教育的效率和质量。将能力成熟度模型(capability maturity model,CMM)应用于创新创业课程体系设计,一方面可以给学校提供一套更加贴合创新创业人才成长路径的培养体系,另一方面也可以帮助学生明确创新创业教育的目标,让学生对未来的职业道路有更清晰的规划。基于此,本章将能力成熟度模型引入创新创业课程体系设计中,通过对大学生创新创业能力的测量为不同能力阶段的学生提供匹配的课程,从而设计出一套贴合大学生创新创业能力发展路径的创新创业课程体系。

## 3.1 能力成熟度模型概述

软件能力成熟度模型是最原始的成熟度模型,由卡内基·梅隆大学软件工程研究所最先提出(Paulk et al.,1993),它将软件开发视为一个过程,评估软件承包商能力并帮助软件企业对软件工程过程进行管理和改进。随着人们对成熟度模型研究的深入,该模型还被应用于多个领域从而演化出了多个新模型,如项目管理成熟度模型(project-management maturity model,PMMM;杨启昉、白思俊、马广平,2009),人力资源能力成熟度模型(people capability maturity model,PCMM;杨明海、张体勤、丁荣贵,2003),顾客资源管理成熟度模型(customer relationship management capability maturity model,CRM – CMM;Hart,Hogg and Banerjee,2004)等。目前,已有学者将成熟度模型应用于教育领域,例如,胡志刚等(2010)以本科生 CDIO 工程能力需求和能力形成路径为依据，构建了基于 CDIO – CMM 的工程型本科人才培养基本理论框架，在重视需求的同时也提出了建立渐进式课程体系的思想。

　　能力成熟度模型一般具有五个能力成熟度等级，每一个等级具有不同的能力特征，它们形成了一个阶梯式的框架，可以很好地描述某种能力的发展过程，在评价能力的同时提供下一阶段的能力提升方向。除最低级外的四个等级均具有若干个关键过程域，每个关键过程域都提供了一系列目标，只有达成了某个等级下关键过程域提供的所有目标，能力成熟度才能达到相应的等级。关键实践是为了在操作层面上实现上述目标而需要进行的实践活动。因此，构建一个能力成熟度模型需要解决三个问题：能力成熟度等级、关键过程域和关键实践。

## 3.2　大学生创新创业能力成熟度模型的构建

　　大学生创新创业能力成熟度模型的构建同样需要解决能力成熟度等级、关键过程域和关键实践三个问题。能力成熟度等级描述的是一个阶梯式的创新创业能力成熟度发展框架，每个等级都是框架中的一个节点，描述某一阶段的创新创业能力特征；关键过程域描述的是围绕其所在等级的创新创业能力特征需要实现的一系列目标；关键实践描述的是围绕上述目标所需要进行的具体操作，体现为基于目标进行的创新创业课程设置。综上，大学生创新创业能力成熟度模型的构成要素如图 3 – 1 所示。

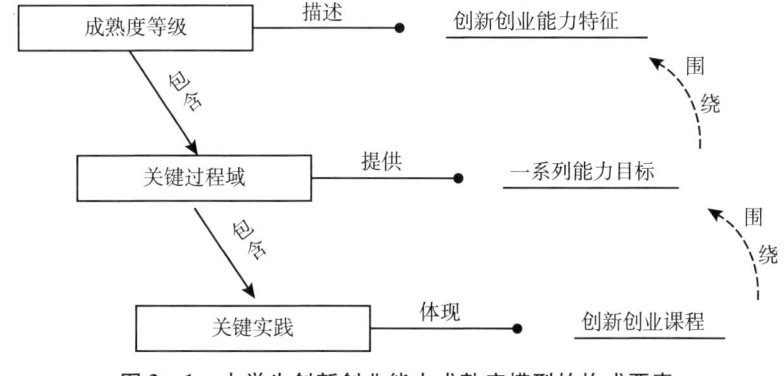

图 3-1 大学生创新创业能力成熟度模型的构成要素

## 3.2.1 大学生创新创业能力成熟度模型的等级划分

### 3.2.1.1 等级的划分依据

要划分大学生创新创业能力成熟度等级,首先需要确定衡量创新创业能力的标准。创新创业能力是一种综合能力,现有研究大多将其分成不同的模块进行探讨。最常见的划分方式是将其按照创新和创业分为两个部分,如创新精神和创业能力(刘伟,2011;刘伟和邓志超,2014)、创新思维和创业能力(李伟铭,黎春燕和杜晓华,2013)、创新能力和创业实践能力等(李娜,2015)。遵循这样的研究思路,本章将创新创业能力划分为创新能力和创业能力,将两者的高低作为划分大学生创新创业能力等级的标准。

现有研究中对创新能力和创业能力高低的评判一般是将两者细分成多项能力,通过衡量细分后的能力进而推算出创新能力和创业能力的高低。但目前大多数学者只针对创新能力和创业能力两种能力中的一种进行了深入细分研究,基于此,本章将蔡离离(2013)构建的创新能力结构和任泽中(2016)构建的创业能力结构进行整合,形成大学生创新创业能力结构。该结构具有创新能力和创业能力两个维度,创新能力维度下包括创新知识基础、创新思维能力和创新学习能力三个一级细分能力,创业能力维度下包括创业机会能力、创业通用能力和创业专业能力三个一级细分能力,每个一级细分能力下又包含若干个二级细分能力,上述结构具体如表3-1所示。

表3-1　　　　　　　　大学生创新创业能力结构

| 维度 | 一级细分能力 | 二级细分能力 |
| --- | --- | --- |
| 创新能力 | 创新知识基础 | C1 |
| | | C2 |
| | | C3 |
| | | C4 |
| | 创新思维能力 | C5 |
| | | C6 |
| | | C7 |
| | | C8 |
| | 创新学习能力 | C9 |
| | | C10 |
| | | C11 |
| | | C12 |
| 创业能力 | 创业机会能力 | C13 |
| | | C14 |
| | 创业通用能力 | C15 |
| | | C16 |
| | | C17 |
| | 创业专业能力 | C18 |
| | | C19 |
| | | C20 |

需要说明的是,由于不同大学的办学定位与目标不同,在具体的实践操作中,大学生创新创业能力结构中的维度和一级细分能力可以相对固定,不同大学可以依据自己的实际情况具体细化出二级

## 第3章 基于能力成熟度模型的创新创业课程体系设计

能力,因此本章将二级细分能力用 C1~C20 代替(这里仅仅是一个示意,并不代表一定只能有 20 项细分能力)。

### 3.2.1.2 等级的具体划分

等级的具体划分按照如下步骤进行:

首先,为了更加直观地反映上述两个维度(创新能力和创业能力)的高低,本章将创新能力和创业能力两个维度划分为初级、中级和高级三个阶段,形成不同阶段创新能力和不同阶段创业能力的九种组合:初级创新能力+初级创业能力、初级创新能力+中级创业能力、初级创新能力+高级创业能力、中级创新能力+初级创业能力、中级创新能力+中级创业能力、中级创新能力+高级创业能力、高级创新能力+初级创业能力、高级创新能力+中级创业能力和高级创新能力+高级创业能力。其次,由于现有研究普遍认同创新能力是创业能力的基础(尚大军,2015;谢和平,2017;曾骊,张中秋和刘燕楠,2017),因此本章将创新能力作为两个维度中的基础维度,创业能力每提升一个阶段都需要创新能力先提升至相应阶段作为基础,所以不存在创新能力低于创业能力的情况,故初级创新能力+中级创业能力、初级创新能力+高级创业能力和中级创新能力+高级创业能力三种组合不存在。再次,随着能力成熟度等级的上升,创新能力和创业能力两个维度应逐步由低的阶段向高的阶段过渡,而高级创新能力+初级创业能力情况的存在会导致能力成熟度模型等级增加而创新能力或创业能力下降的情况,与模型中规定的两维度走向相悖,所以这种组合也应被剔除。最后,本章将余下的五种创新能力和创业能力组合所代表的能力情况作为大学生创新创业能力成熟度的五个等级,如图 3-2 所示。

五个等级由低到高分别是无序级(初级创新能力+初级创业能

力)、初始级(中级创新能力+初级创业能力)、提升级(中级创新能力+中级创业能力)、优化级(高级创新能力+中级创业能力)和实践级(高级创新能力+高级创业能力)。随着等级的增加,学生的创新能力与创业能力呈现交替攀升的态势,能力成熟度每上升一个等级,创新能力或创业能力就会上升一个阶段。表3-2是对各个等级的特征表述及对该等级下主要提升方向的阐述。

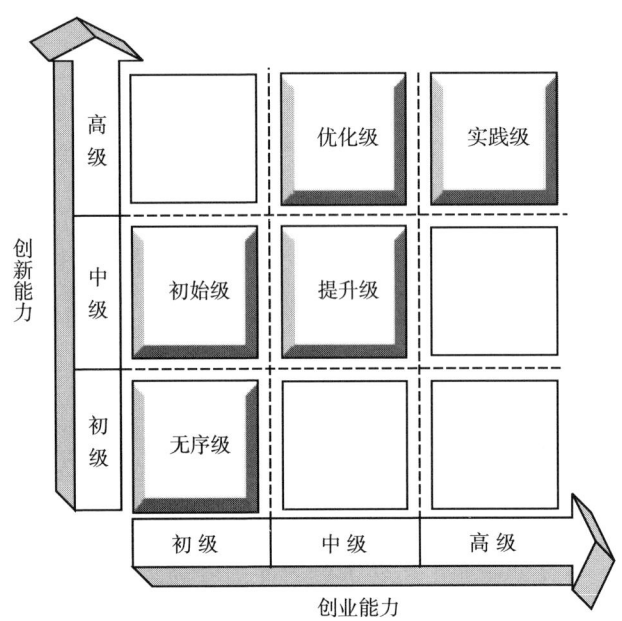

图3-2  大学生创新创业能力成熟度等级划分

表3-2  大学生创新创业能力成熟度等级特征与提升方向

| 等级 | 特征 | 提升方向 |
| --- | --- | --- |
| 无序级 | 创新能力与创业能力均处于起步阶段。创新知识基础薄弱,具有不成系统的创新思维,创新学习能力弱。不善于发现和把握创业机会,基本不具备创业通用能力和创业专业能力 | 补充创新知识,训练创新思维,锻炼创新学习能力 |

续表

| 等级 | 特征 | 提升方向 |
|---|---|---|
| 初始级 | 具备一定的创新知识和一定的创新思维，创新学习能力还比较弱。对身边的创业机会有所感知，但创业通用能力和创业专业能力弱，没有将创新的想法付诸实践的能力 | 提升探查和把握创业机会的能力，重点增强创业通用能力 |
| 提升级 | 具有较丰富的创新知识、较系统的创新思维和一定的创新学习能力。具备一定程度的创业机会能力和部分创业通用能力，但创业专业能力仍有待加强 | 完善创新思维，重点提升创新学习能力 |
| 优化级 | 具有较丰富的创新知识、系统的创新思维和较强的创新学习能力。具备较好的创业机会能力、部分创业通用能力和一定的创业专业能力 | 完善创业通用能力，提升创业专业能力，并进行小规模实践活动 |
| 实践级 | 具备丰富的创新知识，系统的创新思维和较强的创新学习能力。善于把握创业机会，拥有良好的创业通用能力和创业专业能力 | 在更真实的实践环境中不断完善自身的创新创业能力 |

## 3.2.2 大学生创新创业能力成熟度模型的关键过程域设置

根据大学生创新创业能力成熟度模型的结构，本章将除了无序级外的四个等级都设置了关键过程域，由于创新创业能力分为创新能力和创业能力两个维度，故将四个等级的关键过程域均分为创新关键过程域和创业关键过程域，它们描述了要达到该等级所必须解决的问题。关键过程域的具体设置步骤为：首先，把二级细分能力划分至初始级、提升级、优化级和实践级中的一个级别，学生要达到某一等级就应当具备该级别的所有二级细分能力，无序级代表创新创业能力最低时的状态，所以没有二级细分能力。其次，建立与二级细分能力一一对应的目标，然后将它们都按照等级从低到高的顺序排列。最后，将同一级别的目标分为创新和创业两类，分别提炼出这一级别的两个关键过程域。以上过程如图3-3所示。

### 创新创业教育生态系统构建

| 等级 | 关键过程域 | 目标 |
|---|---|---|
| 初始级 | 创新关键过程域1 | O1, O2, O3, O5, O15 |
| 初始级 | 创业关键过程域1 | O4, O6, O8 |
| 提升级 | 创新关键过程域2 | O11, O12, O18 |
| 提升级 | 创业关键过程域2 | O7, O9 |
| 优化级 | 创新关键过程域3 | O10, O13 |
| 优化级 | 创业关键过程域3 | O14, O17 |
| 实践级 | 创新关键过程域4 | O16, O19 |
| 实践级 | 创业关键过程域4 | O20 |

| 等级 | 二级细分能力 | 目标 |
|---|---|---|
| 初始级 | C1, C2, C3, C5, C15 | O1, O2, O3, O5, O15 |
| 初始级 | C4, C6, C8 | O4, O6, O8 |
| 提升级 | C11, C12, C18 | O11, O12, O18 |
| 提升级 | C7, C9 | O7, O9 |
| 优化级 | C10, C13 | O10, O13 |
| 优化级 | C14, C17 | O14, O17 |
| 实践级 | C16, C19 | O16, O19 |
| 实践级 | C20 | O20 |

填入：初始级、提升级、优化级、实践级

| 二级细分能力 | 等级 |
|---|---|
| C1 | |
| C2 | |
| C3 | |
| C4 | |
| C5 | |
| C6 | |
| C7 | |
| C8 | |
| C9 | |
| C10 | |
| C11 | |
| C12 | |
| C13 | |
| C14 | |
| C15 | |
| C16 | |
| C17 | |
| C18 | |
| C19 | |
| C20 | |

图3-3 关键过程域设置步骤

### 3.2.3 大学生创新创业能力成熟度模型的关键实践设置

在大学生创新创业能力成熟度模型中,设置关键实践就是设置创新创业课程。关键实践的设置就是一个由抽象到具体的过程,即汇总提炼。每一个关键实践的设置都是围绕着关键过程域下的目标进行,这些目标是对二级细分能力的具体要求,所以设置关键实践就是基于这些目标设置相应的创新创业课程。具体设置过程分为两步:首先,分析要达到目标中要求的二级细分能力需要的知识内容。其次,依据这些知识内容,设置一门或多门创新创业课程以达到目标要求。这些课程的设置保证了目标的实现,一系列目标的实现则保证了这些目标所在的关键过程域可以通过,创新创业能力就可以进入下一个等级。

## 3.3 基于能力成熟度模型的静态课程体系设计

静态课程体系是围绕大学生创新创业能力成熟度模型提出的所有二级细分能力要求设置的一系列课程,它是创新创业课程体系的主体,其设计可从课程内容体系设计和课程结构体系设计两方面着手。

### 3.3.1 课程内容体系设计

对创新创业课程内容的设计包括对不同等级创新创业课程整体内容的把握和对每一门课程内容的设置,主要遵循以下三个步骤:

第一,依据大学生创新创业能力成熟度模型,将创新创业课程划分为初始级课程、提升级课程、优化级课程和实践级课程,四个等级的课程针对创新创业能力处于不同等级的学生,内容由浅入深、循序渐进。初始级课程注重夯实学生的创新创业理论基础,包含创新知识的传授,创新思维的训练和创新学习能力的锻炼,为更高级别的课程做基础,主要采取理论教学的方式。提升级课程注重培养学生的基础创新创业技能,如探查和把握创业机会的能力、创业通用能力等,采取以理论教学为主和模拟实践为辅的教学方式,使学生由理论上的创新创业逐步向实践中的创新创业过渡。优化级课程注重完善学生的创新创业理论,课程内容与初始级课程和提升级课程相比更加专业化,难度也更大,注重完善学生的创新思维,提升其创新学习能力。实践级课程注重培养学生的高级创新创业技能,提升学生的创业通用能力和创业专业能力,并采取半真实环境实践和学校资助实践的方式,给学生将理论知识应用于实践和大胆试错的机会,积累创新创业经验。学生的创新创业能力成熟度等级与课程等级的关系如图3-4所示,能力处于无序级的学生通过学习初始级的课程使能力提升至初始级,以此类推。

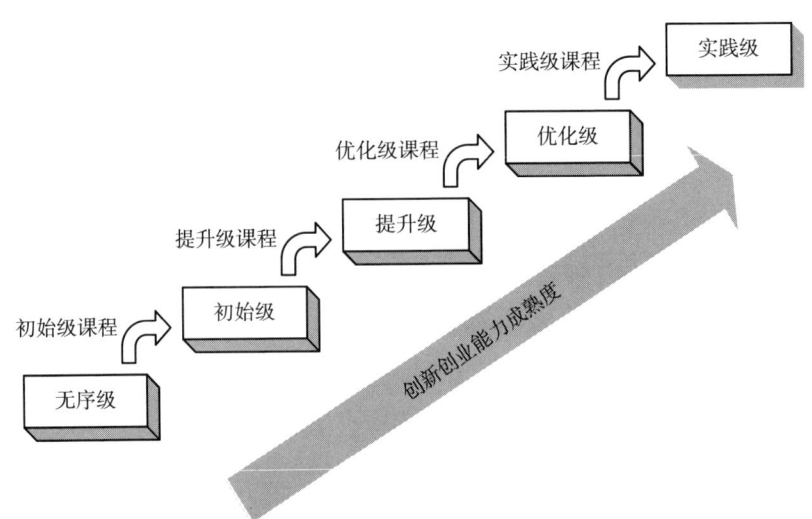

图3-4 创新创业能力成熟度等级与课程等级的关系

第二，为不同级别的课程设置总目标。首先，针对大学生创新创业能力成熟度模型中的二级细分能力提出相应的目标；其次，汇总每一等级的目标形成每个等级的关键过程域；最后，将其作为这一级别所有课程的总目标，明确每一级别课程内容设置的主要方向。

第三，围绕与二级细分能力一一对应的目标，设置相应的关键实践。也就是将每一个目标中对二级细分能力的要求作为一门或几门课程的课程目标，依据目标确定每一门课程的具体内容。

同时，在设计创新创业课程内容时需要注意两点：第一，应当注重专业知识与创新创业知识的有机融合，避免出现各专业创新创业课程千篇一律的情况。第二，由于学生在学习较低等级的创新创业课程时专业知识掌握得比较少，所以在这些课程中与专业融合的内容也相对较少，各专业间差异不大；随着创新创业课程等级逐步增加，学生掌握的专业知识也在同步增加，创新创业课程与专业知识的融合程度应逐步加深，创新创业课程的内容应当更加专业化和个性化。

## 3.3.2 课程结构体系设计

在确定了课程内容后，需要将零散的课程建成课程结构体系，其设计包括三部分：课程类别划分、课程位置排列和课程性质确定。

首先，对课程类别进行划分。创新创业课程可以分为知识与学科课程、活动与实践课程以及环境与隐性课程三个类别（尚大军，2015）。知识与学科课程主要以课堂讲授的方式教授学生创新创业的知识和方法，为学生提升创新创业能力打下坚实的基础。活动与实践课程为学生应用创新创业理论知识提供平台，提升学生的实践能力。环境与隐性课程是学校为营造浓厚的创新创业氛围而设立的课程，如创新创业讲座，创新创业前沿介绍等。基于此，将各创新创业课程按照课程内容与课程形式划分为不同的课程类别。同时，由于各等级的总目标存在差异，因此各等级中不同类别课程的占比也应不尽相同，总的来说应满足以下两个条件：第一，各等级课程应以知识与学科课程和活动与实践课程为主，环境与隐形课程的占比不宜过多。第二，在创新创业教育的初始阶段应先注重理论与技能的学习与积累，后期应注重理论与技能的实践与应用，在初始级课程和提升级课程中应偏重知识与学科课程，在优化级和实践级课程中应偏重活动与实践课程。对于各等级中不满足上述条件的课程应当在不影响其课程目标的前提下做出调整。

其次，对课程位置进行排列。课程位置的排列就是确定每一门创新创业课程授课的先后顺序，具体步骤为：第一，基于大学生创新创业能力成熟度模型，将课程按其等级进行汇总。第二，按照初始级课程、提升级课程、优化级课程和实践级课程的顺序对所有课程进行排序，确定课程在课程结构体系中的位置。第三，在每个等级的内部对课程进行排序，通过课程内容之间的关系确定每一门课程在等级内的位置，形成课程位置结构。上述过程如示意图3-5所示，图中的课程L1~课程L16仅为示意，并不代表仅有16门课程，图中的箭头既展示了课程内容的难易程度，也指出了部分课程是其他课程的基础，其中，虚线箭头由同一等级课程中的基础课程指向高阶课程，实线箭头由难度较低的课程指向难度较高的课程。

## 第3章 基于能力成熟度模型的创新创业课程体系设计

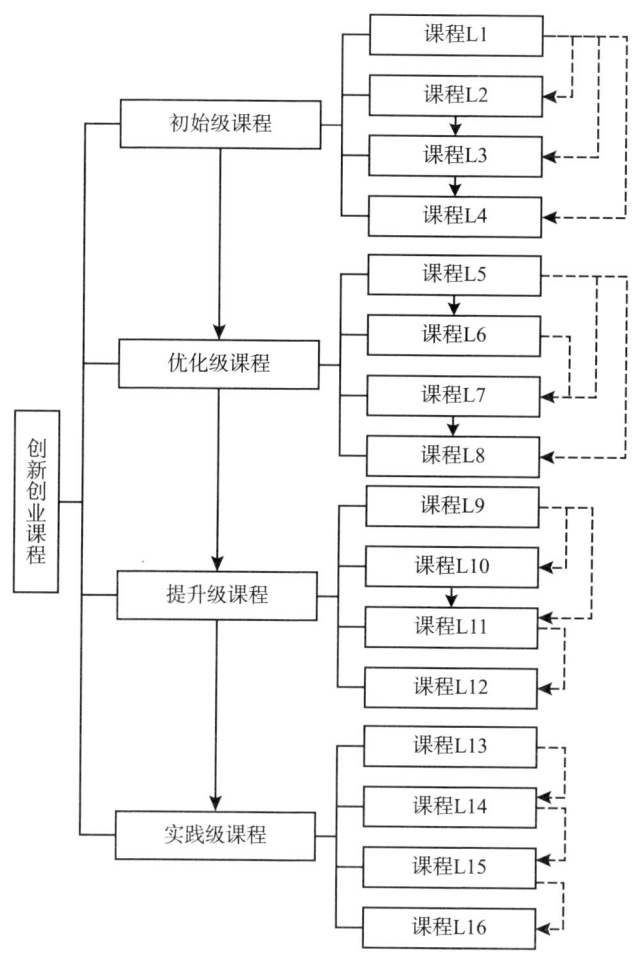

图3-5 创新创业课程位置结构

最后，对课程性质进行确定。为了保证学生经过大学阶段的创新创业课程学习具备一定的创新创业能力，又可以给学生更大的自主选择空间。以提升级（中级创新能力+中级创业能力）的创新创业能力为分界点，可以将在学生达到该等级之前需要学习的初始级和提升级的课程设置为必修课程，将优化级和实践级的课程设置为选修课程。

## 3.4 基于能力成熟度模型的动态课程体系设计

动态课程体系是为了填补静态课程体系产生的实际效果与预期结果之间差距的一系列课程，它通过调整或增加相应课程让创新创业课程体系具备自我更新能力，更大程度上保证预期效果的达成。动态课程体系的设计分为检查测评和差异修复两部分。

### 3.4.1 检查测评

检查测评分为对内测评和对外测评。对内测评的对象是学生，在学生完成了某一级别的创新创业课程后对其创新创业能力进行检测，旨在发现培养过程中存在的问题，如学生完成了提升级的课程却没有具备提升级的能力等。测评采取对学生群体抽样调查的方式，所选取的对象应当具有代表性；同时为了保证测评的准确性与公平性，应当成立由相关专业的老师和从事创新创业教育的老师组成的测评小组，对学生的创新创业能力进行测评。

对外测评的对象是二级细分能力，旨在检测建立静态课程体系时基于的二级细分能力是否与人才市场对创新创业能力的新要求存在出入，这种出入主要体现在市场产生了新的能力需求和原有的能力需求消失两个方面。测评通过广泛调查和专家分析得出一套新的二级细分能力列表，并与原有的二级细分能力列表进行对比发现差异。为了保证测评时的效率和质量，在调查时应注重信息的及时性、准确性和权威性。

## 3.4.2 差异修复

以上两种检查测评方式的结果反映了两种差异,对内测评反映的是计划与实际的差异,对外测评反映的是需求与变化的差异,两种差异的修复方式如下:

修复计划与实际差异时,学校需要进行更加全面的测评,根据结果建立相应的动态课程体系,具体流程为:首先,扩大测评群体并同时对相关课程进行考核;其次,将全面测评的结果与预期大学生所具备的能力进行对比,得到缺失的二级细分能力列表;再次,找出这些二级细分能力对应的课程并分析它们未达到预期目标的原因;最后,根据计划与实际差异程度选择增设新课程或修改后续课程来构建动态课程体系。上述步骤如图 3-6 所示。

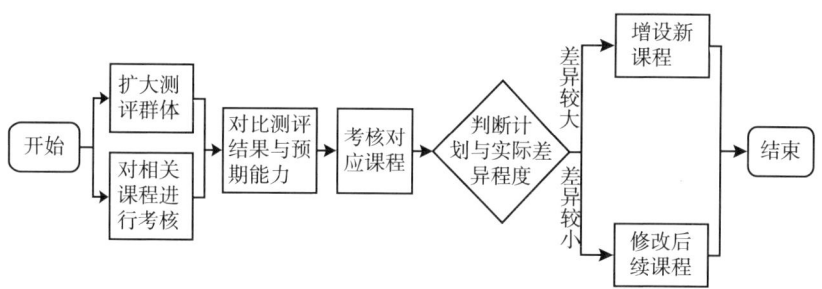

图 3-6 计划与实际差异的修复流程

修复需求与变化差异时,需要从差异本身入手建立相应的动态课程体系。需求与变化差异体现在两个方面:一个是市场产生了新的能力需求,另一个是原有的能力需求消失。如果市场产生了新的需求,那么首先应对新需求的能力进行细分,确定该项能力在创新创业能力结构中的位置;同时,考虑它与其他能力的关系,当该项能力需要以某项能力为基础时,应当将对应课程安排在基础能力对应课程之后;当该项能力与原有能力联系紧密时,应考虑对相应的课程进行改编和增加课时等处理或将新课程与原课程安排在同一时间段进行。如果市场对原有能力的需求消失,那么首先应当分析该项能力是暂时没有用处还是会被永久性淘汰;同时,应该考虑与该能力对应的课程是否会对其他能力对应的课程产生影响,不可盲目将相关课程从原有课程体系中移除。总之,动态课程体系的设计应当以满足和优化原有静态课程体系为基本原则,切不可与静态课程体系冲突。

需要说明的是,基于大学生创新创业能力成熟度模型设计的创新创业课程体系是贴合大学生创新创业能力发展路径的新型创新创业课程体系。因此,在静态和动态课程设计中,需要满足以下三点要求:第一,在课程内容方面,应以大学生的创新创业能力为出发点,围绕既定的能力需求设置课程内容。第二,在课程结构方面,应顺应大学生的创新创业能力发展过程,提供与学生创新创业能力等级匹配的课程。第三,课程体系应灵活并可调整,应随着社会对创新创业能力要求的变化做出动态调整。

# 第4章　基于个人—环境匹配的创新创业课程体系设计

基于个人—环境匹配理论，本章依据多主体的不同供求情况，从个人—环境整体匹配程度的视角出发，提出了创新创业课程体系的设计方法。本章的主要结论包括：第一，创新创业课程体系中的个人—环境匹配关系可以分为学生—教师、学生—学校和学生—企业三个维度，每个维度又可以进一步细化为需求与供给匹配和要求与能力匹配两种类型。第二，从提高供求匹配程度、使能力与要求相适应和控制不匹配时的效果三方面出发，提出了水平课程体系和梯度课程体系的设计方法，并给出了相关的实施建议。

创新创业；个人—环境匹配理论；水平课程体系设计；梯度课程体系设计

随着高等教育从"精英"阶段向"大众化"阶段过渡，大学生的就业形势越来越严峻。传统教育培养出来的学生已经不能很好地适应市场的需求，而具有创新思维和创业能力的创新创业人才日益受到市场的青睐。在此背景下，创新创业教育的兴起成为必然。从麻省理工学院在斯隆管理学院下设创业中心，整合创业理论和实践双轨教育（黄亚生等，2015），到百森商学院设置33门创业课程，贯穿创业产生、发展、管理和收获的全过程（甄月桥、沈婷和钱昆，2017），再到斯坦福大学构建斯坦福创业网络，可以看出这些国际名校已经向世界传递出了大学教育改革正朝着创新创业方向大跨步迈进的信号。在中国，很多大学也开始了积极的尝试和探索，如清华大学 I-center 帮助学生进行创业实践，上海交通大学打造全方位的创新创业生态体系等。由此可见，国内外大学都在努力建设一套系统科学的创新创业教育体系并尝试在实践中推广，而创新创业教育有效推广的重要载体之一便是创新创业课程体系。

综上分析，如何有效设计创新创业课程体系，真正培养出具有创新思维和创业能力的创新创业人才成为理论与实践关注的重要问题。基于此，本章在对创新创业课程体系设计的研究现状进行回顾和分析的基础上，从个人—环境匹配的视角，提出创新创业课程体系设计的具体思路与方法。

## 4.1　创新创业课程体系设计的研究回顾

创新创业教育自20世纪80年代传入我国以来，逐步受到理论界与实践界的重视，已取得了长足的发展。据《高等教育第三方评估报告》显示，教育部的支持以及高校的大力投入，使国内创新创

## 第4章 基于个人—环境匹配的创新创业课程体系设计

业教育硬件条件和软件条件得到极大提升（薛成龙、卢彩晨和李端淼，2016）。但事实表明，教育条件好的高校不一定产出更多的创新创业成果，反而存在"低效的双创教育"问题（马永斌，2010）。为了解决这些问题，学者们从宏观层面提出了一些思路。在培养对象方面，王占仁（2015）认为创新创业教育不应该只在经管专业开展而应面向全体学生，基于此提出"广谱式"创新创业教育体系建设原则；而《创业教育——世界主要国家创业教育》一书则提出，创新创业教育最终应该针对创新创业爱好者（中华人民共和国教育部高等教育司，2012）。在培养原则方面，多数学者一致认可的是创新创业教育与专业教育融合原则、理论与实践结合原则和渐进式原则等（刘玉威和毛江一，2017；李想，2017；白冰和方云，2017）。以上研究在一定程度上指出了创新创业教育的大方向，但并没有给出切实可行的操作方法。

为了促进理论更好地转化为具体的操作方法，学者们不断地对创新创业教育体系的研究进行细化，从课程体系、创业环境、创业意向等方面提出提升创新创业教育体系建设的方法。童晓玲（2012）通过分析大学创新创业教育利益相关者之间的关系发现，创新创业教育成功与否与其利益相关者有密切联系，基于此提出了影响高校创新创业教育体系建设的因素并设计了相应的教育体系来满足各主体之间的利益供求。李慧清（2015）从创业环境约束视角审视创新创业课程体系，基于国外优秀经验对课程体系中的课程群组成、创业环境和实践方面提出了建议。卓泽林和赵中建（2016）考虑到教师与学生供求之间的差距，对创业师资队伍的建设进行了"应然"与"实然"的对比，并针对教师与学生之间的匹配关系提出了相应的建设方案。

通过对已有研究脉络的分析可以看出，对创新创业教育的研究逐步从大方向的把控过渡到注重实际的落实，从总体原则性的论述细化到课程体系等具体层面的设计方法。尽管如此，我们仍然发现，目前创新创业课程体系的设计仍然存在两方面问题：一方面，在培养方式上，以灌输式的培养观念为主，较少考虑学生等学习主体自身的需求，并未从本质上进行"课堂革命"。另一方面，在整个创新创业教育体系中，很多时候学校的供给并不能带来理想的产出，常常存在供求双方不匹配的情况。要解决这一问题，仅仅关注供给或需求单方面是不够的，即"只研究学生创新创业方面的诉求或只关注学校提供什么样的课程"的思路均不全面，应该将创新创业教育体系中的主体关联起来，做到对症用药，供求匹配，才能事半功倍。如果把创新创业教育看作一种投资，学生对于创新创业课程的需求主要取决于这项投资能否带来积极的效益。当学生有强烈需求，环境供给又恰好充分契合，那么二者在价值方面的认同将趋于统一，从而产生一种积极的情感，创造高的双创绩效。综上，需求得不到满足会制约双创绩效的提升，供给没有得到消化会导致资源的浪费。我们欣喜地看到，已有学者（卓泽林和赵中建，2016）开始关注从仅对单一主体研究到考虑双创教育中个人与环境的交互影响（即从学生或学校等单一角度过渡到考虑学生需求和学校、教师供给等多角度），但这方面的研究还远远不够。供求匹配是一个复杂的过程，往往对于需求的反馈是动态且及时的，对供给的提高则需要一个较长的过程，这使得供给落后于需求成为一种常态。为了尽可能缩短这种差距，我们需要基于个人—环境匹配的视角探讨创新创业课程体系的设计。

## 4.2 个人—环境匹配与创新创业教育的关联性分析

### 4.2.1 个人—环境匹配理论在创新创业教育中的应用

个人—环境匹配（person-environment fit，P – E fit）理论被频繁用于人力资源管理中员工满意度的研究。该理论同时包含个人和环境两个维度，个人要素主要指员工，环境要素主要包括工作、组织、职业、群体和人五个维度。将该理论引入到创新创业教育领域，个人要素就是学生。在环境要素方面，学生的工作是学习创新创业知识并产出相应的成果；学校是学生所在组织；企业中的职位代表学生未来的职业；群体和人分别是学生之间、学生与教师的匹配关系。因此从维度论的观点出发，结合本章所研究的问题，个人—环境匹配关系可以分解成以下三个维度：学生—教师匹配、学生—学校匹配和学生—企业匹配。为了便于对每个维度进行匹配程度的测量，本章借鉴内涵论的观点，将上述三个维度从需求与供给匹配和要求与能力匹配两个方面进行衡量，如表4 – 1所示。

表4 – 1　个人—环境匹配理论在创新创业教育领域的维度划分和测量

| 维度划分 | 测量 | 内涵阐释 |
| --- | --- | --- |
| 学生—教师匹配 | 需求与供给匹配 | 学生对于创新创业知识的需求与教师供给 |
| | 要求与能力匹配 | 教师要求与学生创新创业能力 |
| 学生—学校匹配 | 需求与供给匹配 | 学生对于创新创业条件的需求与学校供给 |
| | 要求与能力匹配 | 学校要求与学生创新创业能力 |

续表

| 维度划分 | 测量 | 内涵阐释 |
|---|---|---|
| 学生—企业匹配 | 需求与供给匹配 | 学生对于创新创业内容的需求与企业供给 |
| | 要求与能力匹配 | 企业要求与学生创新创业能力 |

## 4.2.2 个人—环境匹配理论与创新创业课程体系设计的关系

依据表4–1的划分,个人—环境匹配理论与创新创业课程体系设计的关系主要体现在如下三个方面:

第一,学生—教师匹配与创新创业课程体系设计的关系:在创新创业教育体系中,学生与教师的关系最为密切,教师需要向学生传授创新创业知识,培养其创新创业能力;学生通过教师的培养提升自身的创新创业能力,接受教师的考核。因此教师的教学方式和教学内容需要满足学生的需求,学生的能力也应该达到教师期望的标准,只有这样才能提升创新创业教育体系的效率,得到好的课程实施效果。

第二,学生—学校匹配与创新创业课程体系设计的关系:学校是学生所在组织,因此学生与学校的关系和人—组织关系类似,并且已有研究发现人—组织的匹配与绩效水平关系密切(Wheeler et al., 2007)。吉尔布里斯、金和尼古拉斯(Gilbreath, Kim and Nichols, 2011)研究也证实,学生和大学的良好匹配能够很好地预测学生的个体行为(如满意度及心理健康等)。当学生与学校价值观相同时,学生便能够理解学校的意图并积极响应,同时也会获得学校认可,促进自己的创新创业知识转化为相应的成果,培养创新思维和提升创业能力;学生为实现创新创业目标会产生一定的需

## 第4章 基于个人—环境匹配的创新创业课程体系设计

求,如果学校供给能够契合这种需求则会使学生的任务更好地被完成,学生也会获得所需的正向激励。

第三,学生—企业匹配与创新创业课程体系设计的关系:当前就业形势十分严峻,而企业对于创新型人才却存在着大量需求,为了让学生在就业中更具竞争力,符合时代对人才的要求,这就需要在人才培养中注重企业要求与学生能力的匹配,在未来才能更好地促进其成功就业。同时,企业也需要加强和学校的合作,提供学生有需求但学校尚且无法更好满足的课程,实现企业、学校和学生的共赢。

当学生—教师、学生—学校和学生—企业处于供求不匹配状态时,会产生不同的效应。根据爱德华兹和罗斯巴德(Edwards and Rothbard,1999)的研究结果,当供给小于需求时,个人需求得不到满足,往往会产生紧张等负面情绪,从而影响绩效;当供给大于需求时,存在三种方向的作用:一是转移,即当前内容将对其他领域产生促进作用;二是抵消,即过多供给不但对当前领域无法促进,还会因为激励过度而对其他领域造成影响;三是保存,即当前并未产生效果,通过不断积累,未来将发挥重要作用。此外,高水平的匹配程度产生的积极效果往往大于低水平的匹配程度产生的积极效果,各维度中更具显著性的匹配将会对个人—环境匹配整体产生更大影响,该影响可为正也可为负。同时,詹森和布朗(Jansen and Brown,2006)对多维度匹配的分析表明,多维度匹配具有一定的补偿效果,即较好的匹配可补偿较差的匹配。例如,在创新创业课程体系中,教师在创新创业课程讲授方面较好地满足了学生需求将在一定程度上弥补学校供给与学生需求匹配程度较弱的情况,使综合个人—环境匹配程度较好。

## 4.3 基于个人—环境匹配的水平创新创业课程体系设计

水平创新创业课程体系是指针对某一年级的创新创业课程体系，由该年级课程体系的所有模块组成。它的设计要点在于以水平的视角独立地看待某年级的课程体系，并对课程体系内部各模块供求匹配程度进行调整。设计水平创新创业课程体系的具体步骤为：第一，根据学校实际情况，将某一年级课程体系中的内容模块化处理，即按照一定的规则将内容分为相互支持与协调的多个模块；第二，了解相应模块的学生—教师、学生—学校和学生—企业的匹配程度；第三，针对供求不匹配的模块，寻找不匹配的原因，对其匹配程度进行调整。以上步骤如图4-1所示。

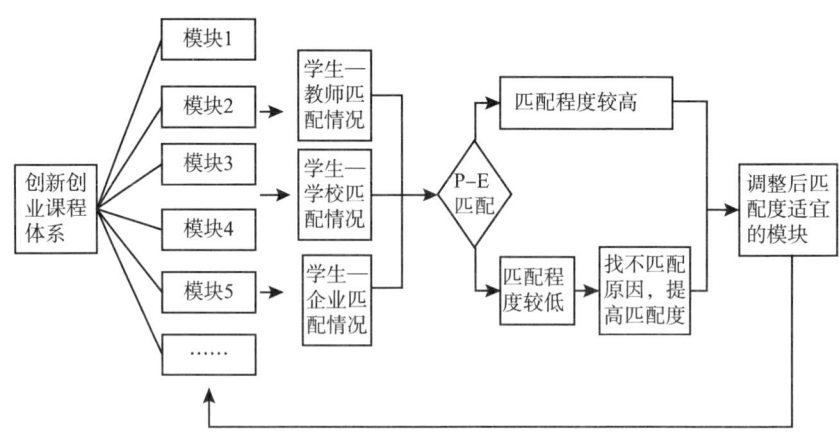

图4-1 水平创新创业课程体系的设计步骤

在对匹配程度进行调整时，可以通过增加（或减少）供给或抑

## 第4章 基于个人—环境匹配的创新创业课程体系设计

制（或刺激）需求。首先，对于那些学生有需求且对创新创业有重要帮助而供给不足的模块，学校应增加该部分供给，与教师、企业进行积极的沟通，利用现有条件尽可能满足学生合理的需求。其次，对于那些对创新创业有重要帮助而学生需求不足的模块，学校应对学生在思想方面进行熏陶，逐渐使学生意识到该模块内容的重要性。如学校积极对该模块进行优化，增强趣味性、多样性，激发学生的兴趣，从而增强学生的需求；教师在课堂上积极引导，引起学生的重视；社团举办系列活动鼓励学生参与，将相关内容不断推广等。再次，对于那些供给过多或需求基本饱和的模块，教师、学校和企业应根据实际情况减少供给，避免资源浪费。最后，对于那些学生需求不合理或教师、学校和企业难以供给的模块，学校应对学生进行科学的引导，说明原因，让学生理解，减少不合理的需求。

值得一提的是，对创新创业教育的供给不能与专业教育割裂开来，需要全力推进创新创业教育与专业教育的有机融合，将创新创业课程融入专业基础课程和专业技能课程中，将创新创业精神渗透到专业教学的各个方面。这样就能使创新创业教育不仅不会在专业学习之外给学生带来较重的负担（发挥抵消的效应），而且能够促进专业知识的学习，并在未来专业领域发挥重要作用（发挥保存与转移的效应）。这样在一定程度上能使学生发现创新创业教育的益处，刺激他们的需求，不会因耽误专业课程的学习导致学生对创新创业课程产生抵触情绪。而实现创新创业教育与专业教育融合的重要环节是供求主体之间的联动，即相互关联的主体，一个变化时，其他也跟着变化。这种联动体现在知识联动、技能联动、知识与技能教授主体的联动、教授平台与载体的联动以及教授主体与教授对象和环境的联动等（张项民，2013）。当教师与学校的供给能够与学生的需求较好的互补时，匹配双边的主体才能更好地联动。除此之外，创新创业实践是提高供给有效性的重要途径，在每阶段的水平课程体系中需要注意保证理论与实践相结合。学校应将学生的需求考虑在内，通过与企业的合作，为学生提供形式多样的实践机会。随着学生需求的不断变化，课程体系中相应内容的供给也应有所变化。所以，个人—环境匹配的水平创新创业课程体系的设计是一个动态变化的过程。

## 4.4 基于个人—环境匹配的梯度创新创业课程体系设计

梯度创新创业课程体系是指由各年级水平创新创业课程体系所构成的整体课程体系，这种课程体系是连贯的、完整的、渐进的。它的设计要点在于以垂直的视角将各阶段课程体系关联起来看待，合理规划整体创新创业课程体系的提升过程，这种提升包括针对性、供求匹配程度、对学生能力的要求三方面，当然在这一过程中同样要注重保存、转移、紧张和抵消四种效果的控制。初始阶段，由于学生刚刚接触创新创业教育，教师、学校和企业的供给普遍高于学生的需求，所要求的能力也高于学生所具有的水平。当供给大于需求时，将产生抵消、保存或转移等效果，此时应从以下方面开展工作：首先，学校应对学生进行科学的指导，避免学生由于激励政策的诱惑产生过度的诉求，而自身能力不足影响专业课程学习导致抵消的负面效果。其次，学校应引导学生注重积累创新创业知识，夯实基础，在专业课中活学活用，以便未来能够发挥更大的作用。最后，教师、学校和企业对学生能力的要求要有合理的期许，不宜过高或过低。随着培养的深入，学生将对创新创业教育有更好

## 第4章 基于个人—环境匹配的创新创业课程体系设计

的了解,部分学生将产生更多的兴趣,这时教师、学校和企业应随着学生需求的增加给予更多的供给,提高对学生能力的要求,避免因供给不足导致学生产生紧张等负面情绪,或是要求过低使学生动力不足。

综上,梯度创新创业课程体系的设计主要包括:第一,明确不同阶段课程体系所要达到的匹配程度。第二,对不同阶段课程的匹配程度及时做出合理的评价,以了解各阶段学生—教师、学生—学校、学生—企业的供求匹配及要求与能力匹配的现状。第三,针对现状与期望的差距,寻找水平课程体系中某一阶段问题产生的原因并采取针对性的改进措施。在具体操作环节,应注意以下问题。

(1)坚持全程化培养原则。

课程体系的构建与实施,关键在于明确培养什么样的人才以及达到何种培养目标(黄兆信和郭丽莹,2012)。高校创新创业教育并非追求每个大学生都当创业者,而是通过普遍的培养,最终实现少数人成功创业,大部分人能够具有创新创业基本素质,满足社会对于创新创业型人才的需求。在培养过程中,高校要给予每一位学生充分的机会,激发他们的潜能,通过时间的积累,最终发现真正的创新创业爱好者。因此,创新创业教育应坚持全程化培养原则,先采取广撒网策略之后再筛选兴趣爱好者。首先,高校需要将创新创业教育融入大学整个人才培养过程。由于知识背景的差异,不同专业和不同年级学生的需求及能力往往不同,教师、学校、企业应根据专业、年级特点有针对性地进行供给,制定不同的能力要求。其次,对于不同类别的学生,创新创业课程体系的目标不应"一视同仁"。学生对于创新创业的兴趣会随着时间的推移出现越来越明显的差异,这时应注重对学生进行差异化培养,发现那些兴趣强烈且具有创新创业才能或创新创业实力的学生,给予与需求相适应的供给，提高对其创新创业能力的要求，使他们迅速成长。

（2）建立"维生素"四大梯度平台。

梯度创新创业课程体系应针对不同年级学生建立四大阶梯平台，包括通识教育平台、专业融合平台、实践完善平台和创业体验平台。通识教育平台旨在普及通识性知识，激发学生对创新创业的兴趣，使学生具备基础的创新创业能力。专业融合平台需要结合专业内容与特点，引导学生了解学科前沿理论和技术，注重创新创业人格培养，逐步提升学生将创新创业知识与专业知识结合的能力。实践完善平台针对有创新意识与创业潜质的学生，开设创新创业选修课，引导学生积极参与创新创业竞赛，用学到的方法和技巧来分析并解决现实生活中的问题，为日后创业活动打下坚实的基础，充分发挥个人—环境匹配理论中转移与保存的功能。创业体验平台则是针对正在创业的学生，给予相应的指导，帮助他们掌握企业运营的方法和技巧，切实推进项目的落地和已运行项目的良性发展。

随着平台的专业性提升，创新创业爱好者与非爱好者的差异将会显著增强。若依据创新创业爱好者的需求与能力，来提供相应的供给和确定相应的要求，必然会使非爱好者的需求与教师、学校和企业供给差距较大，能力与要求相距较远，所以必定会存在供求不平衡的情况。当供求处于不平衡状态时，该如何设计各个平台的课程体系呢？本章引入维生素模型来解决这一问题。创新创业课程体系中每一模块的内容就如同身体中的维生素，当维生素摄入量不足时，个人身体机能较差，甚至出现疾病；随着维生素摄入量的增加，个人健康逐步达到最佳状态。然而当维生素摄入过多时，将引发两种可能效应：第一种是持续效应，即过多的维生素摄入不会损害健康；第二种是额外损害效应，即过量摄入损害人体健康（李爱梅等，2015）。以上效应作用效果如图4-2所示（Peter，2007）。

## 第4章 基于个人—环境匹配的创新创业课程体系设计

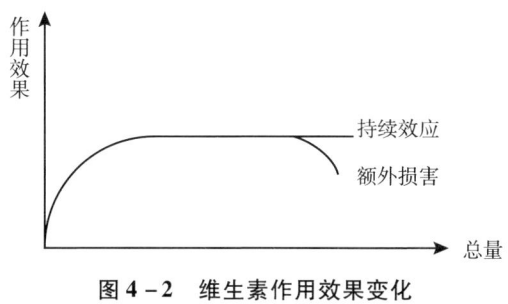

**图4-2 维生素作用效果变化**

类比维生素对人体的效用，本章认为对大部分创新创业非爱好者而言，当供给大于需求时，创新创业课程体系中一部分内容（如创新意识的培养等）的供给将会产生持续效应，这些内容都将有助于大学生基本素质的提升，无论创业与否都必不可少；而另一部分内容（如自主创业实践，专业性极强的创业知识等）将仅仅满足创新创业爱好者的强烈需要，对于非爱好者可能产生额外损害作用，因为这些内容主要用来帮助未来的创业者更好地创业，强迫非爱好者参与只能造成他们的负担，并且他们的创新创业能力也未必需要达到该要求。所以对于不同的平台，学校应给予不同类型的学生更多的自主选择空间。同时学校应完善信息发布渠道，及时向学生告知相应的资源，通过学生的自主选择，实现供求在不同类型的学生之间自主的匹配，使不同类型学生的能力达到不同的要求。

（3）建立四位一体的评价机制。

要及时了解创新创业课程体系中个人—环境匹配情况，就需要建立科学合理的评价机制。四位一体的评价机制是指四位主体对四类匹配情况进行反馈，学校根据四方反馈对创新创业课程体系进行调整。四位主体包括学生、教师、学校和企业；四类匹配包括学生—教师、学生—学校、学生—企业供求匹配和要求与能力匹配；四方反馈是指四位主体对创新创业课程体系实施情况的反馈。在操作过程中,需要关注以下几个问题:首先,我们要综合考虑学生与环境的交互作用,所以学生、教师、学校和企业都应参与其中。其次,根据个人—环境匹配理论,我们需要考察学生需求与教师供给,学生需求与学校供给,学生需求与企业供给,学生能力与相应要求这四方面的匹配情况,来综合考察该校课程体系的个人—环境总体匹配情况。最后,学生针对自己的需求是否得到满足将对教师、学校与企业的供给情况进行反馈;教师通过学生的课堂表现以及与学校、企业的沟通,了解自己的供给是否满足学生需求,在调整自身供给的同时,也能为学校、企业提出相应的意见建议;学校通过考察学生的能力是否达到要求,能够了解学校的培养是否有效,之后调整相关供给,制定合理要求,与企业沟通,接受企业对学生质量的反馈;企业根据教师、学校要求提供相应的资源,并对学校输送的人才质量进行反馈。以上内容如图4-3所示。

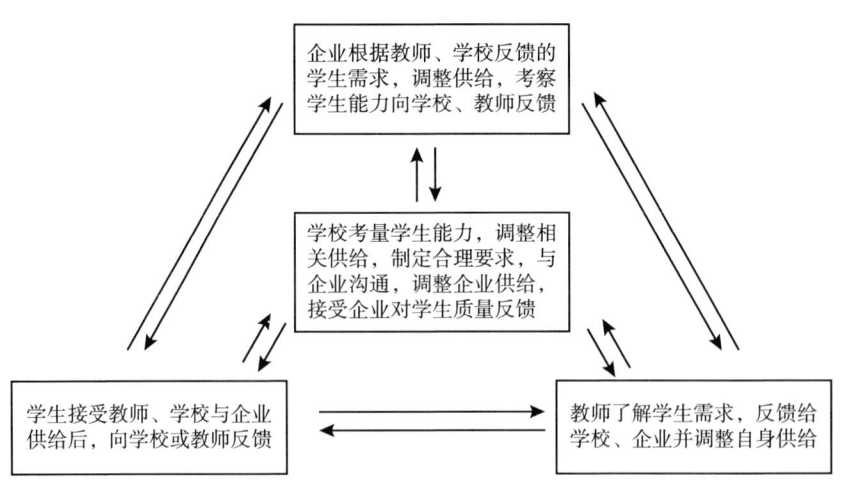

图4-3 四位一体的评价机制

需要说明的是,个人—环境匹配程度高的课程体系就是整体课

## 第4章 基于个人—环境匹配的创新创业课程体系设计

程体系中各主体的供求能够较好地互补，学生能力能够达到相应的要求。因此，基于个人—环境匹配的课程体系设计需要满足以下三方面的要求：第一，学生所需与教师、学校和企业供给能很好地互补。第二，教师、学校和企业所要求的能力，学生能通过努力达到。第三，根据爱德华兹和罗斯巴德（1999）的研究，对供求不平衡所产生的不同效果加以控制，减少紧张和抵消等负面效果，促进保存和转移等积极效果。同时，本章只是从整体上给出了基于个人—环境匹配理论的创新创业课程体系设计的方法与建议。在具体的实施过程中，不同学校可以按照本章提出的方法论，结合自身的具体情况进行更为细致的设计。

# 第5章　创新创业课程体系供需匹配差异及实证分析

基于辽宁省高校的调查数据,本章将创新创业课程体系模块化处理后,提出了供需匹配差异度测算公式,对学生—学校与学生—教师供需匹配情况进行了实证研究。本章的主要结论包括:第一,学校供给高于学生需求,教师供给低于学生需求。第二,不同的课程体系模块在不同年级供需匹配差异有所不同,但实践形式供需匹配差异最大,课程内容供需匹配差异最小。第三,从加强师资队伍培养、引导和激发学生需求及注重差异化供给三方面为创新创业课程体系建设提出了政策建议。

创新创业课程体系;学生—学校匹配;学生—教师匹配;供需匹配差异度

# 第5章 创新创业课程体系供需匹配差异及实证分析

党的十九大报告指出,到2035年中国要基本实现社会主义现代化。其中,创新创业教育作为教育现代化的重要组成部分,不仅关系到立德树人的教育大计,更与创新型国家战略紧密相关。近年来,随着大学不断地扩招,高等教育普及程度逐年升高,高校毕业生将面对越来越严峻的就业形势。以专业理论、职业技能和确定性思维为主的教学模式在当今已不适用,基于多专业融合知识、机会识别能力和不确定性应对思维为主的新型培养模式正在重塑教育的未来。创新创业教育旨在培养具备创新创业能力的高质量人才,使他们在激烈的竞争中能因其卓越的行动力而脱颖而出。创新创业教育课程体系是高校实施创新创业教育的主要途径(徐雁行,2016)。因此,建设科学合理的创新创业课程体系以激发大学生创新创业活力成为我国高校面临的重要课题。

美国是最早开展创新创业教育的国家,其高校在发展过程中已经形成了一套系统、完整的创新创业教育体系,课程设置也相对完善(黄兆信和赵国靖,2015)。在我国创新创业课程体系研究的起步阶段,很多专家学者选择总结国外课程体系建设的经验,并在此基础上提出与我国实际情况相符的建设方案。如邓汉慧(2008)总结了美国课程体系的建设情况,并提出我国构建系统化课程体系的方法。包水梅和杨冬(2016)吸取麻省理工学院、斯坦福大学和百森商学院的先进经验,提出创新创业理论课程应分为核心课程和选修课程两大类,除理论课程外还需加强第二课堂创新创业实践活动训练的建议。虽然早期研究较好地借鉴了国外大学创新创业课程体系的建设模式,但存在着一定的盲从性,国内高校创业教育往往流于形式,仅仅开设一些创业课程作为选修课。在此形势下,从我国的实际情况出发,通过实证调查研究剖析当前高校创新创业教育中存在的问题及原因,探索一套适合中国大学的创新创业课程体系就显得尤为必要。从学生主观需求视角出发，罗亮（2016）从创新创业教学目标、教学原则、课外活动、实践等方面了解了当代大学生所需的创新创业课程体系。从客观实施现状出发，张秀峰和陈士勇（2017）通过实际调查发现当前我国创新创业课程体系存在重理论少实际、教学环节同质化严重和实效性不足等问题，并针对实际问题提出了意见和建议。

综上分析，对创新创业课程体系建设的研究不应仅仅停留在对国外经验的学习与借鉴上，更应该从实际调查出发，关注相关主体的感受。当前对创新创业课程体系中多主体供需情况的研究还有所欠缺，更缺乏关于供需匹配差异的定量研究方法。因此，本章对辽宁省高校的学生、学校管理人员和教师进行了调查，从供需匹配角度给出创新创业课程体系建设的政策建议，从而提高其有效性和针对性。

## 5.1 创新创业课程体系供需主体关系分析

创新创业课程体系包含三个主体：学生、学校和教师。可以按照三者在创新创业课程体系中的作用分为需求方和供给方，他们的供需关系如图5-1所示。

学生属于需求方，是创新创业课程的接受者，他们对于创新创业课程的需求是多种多样、不断变化的。供给方包括学校和教师。其中，学校从资源环境方面为创新创业课程体系提供支持和保障，通过投入人力、物力为学生创造良好的创新创业环境。教师通过自身知识与经验的积累合理设计课堂内容，帮助学生更好地提升创新创业能力。

## 第5章 创新创业课程体系供需匹配差异及实证分析

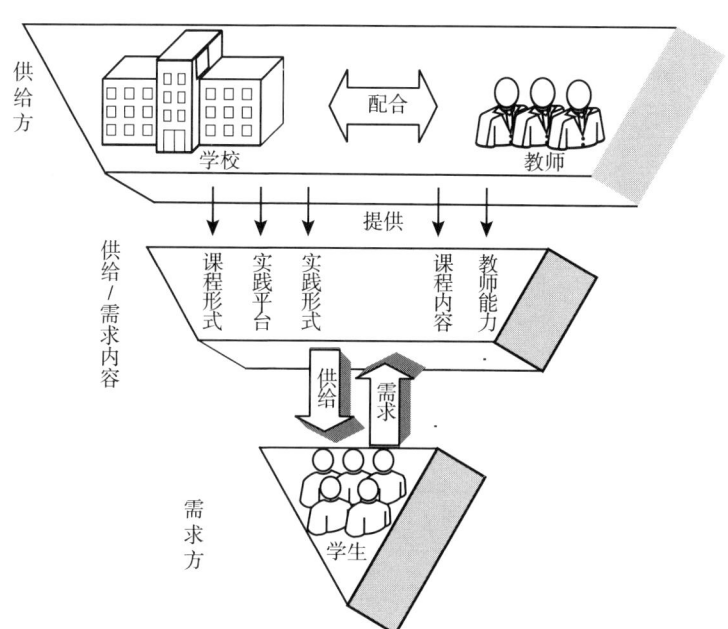

图 5-1 创新创业课程体系各主体供需关系

在传统模式中,供给方往往是创新创业课程体系最终样貌的决定者,作为需求方的学生往往无法参与到创新创业课程体系的建设中来。创新创业课程体系的最终目标是培养大学生的创新创业能力,需要学生主动参与并积极发掘自身创造力,而不能满足学生需求的课程体系往往无法激发其兴趣。因此,以供给为导向的课程体系设计模式已不适用,在建设课程体系时,应将学生需求放在重要地位,将供需匹配差异作为重要参考,力求使供需双方达成一致,发挥创新创业课程体系的最大效用。

## 5.2 创新创业课程体系模块化处理

课程体系是一个庞大的系统,它由多个模块组成。本章选取了一些具有代表性的文献,对创新创业课程体系的构成进行筛选整理,如表 5-1 所示。

表 5-1　　　　　　　　　课程体系构成整理

| 文献名称 | 模块 |
| --- | --- |
| *Introducing Entrepreneurship Teaching at Select German Universities: A Change Challenge* （Curri G, 2008） | 强调实践教学的重要性 |
| 日本高校创业教育（李志永,2010） | 指出在构建课程体系时应注重师资力量 |
| 高校人才培养模式的概念界定与要素解析（董泽芳,2012） | 人才培养理念、专业设置模式、课程设置方式、教学制度体系、教学组织形式、隐性课程形式、教学管理模式、教育评价方式 |
| 中美高校创业教育课程体系比较研究（黄兆信和赵国靖,2015） | 指出在构建课程体系时应注重师资力量及实践课程 |
| 我国职业资格证书课程体系构建的逻辑起点、核心要素与制度保障（汤霓和石伟平,2015） | 课程目的、课程标准、课程内容、课程供给和课程实施 |
| "双创"背景下高校创新创业教育课程体系的构建（赵会利,2016） | 强调构建课程体系时实践平台及形式的重要性 |
| 高等教育模块化教育模式研究（唐栋和郭飞君,2016） | 理念、内容、平台方式、主体素质和保障考核 |
| 卡内基梅隆大学本科课程体系：核心模块与实践逻辑（李志峰和汪洋,2017） | 课程内容、课程设置、课程实施和课程考核 |

## 第5章 创新创业课程体系供需匹配差异及实证分析

续表

| 文献名称 | 模块 |
|---|---|
| 课程论视域下的创客课程设计：构成要素与实践案例（张文兰、刘斌和夏小刚等，2017） | 课程目标、课程内容、学习活动和学习评价 |

由表5-1可以看出，虽然不同学者对于课程体系的构成持有不同的看法，但具有一定的共性。通过对这种共性进行归纳总结，本章将创新创业课程体系划分为5个一级模块和35个二级模块，并将这些模块按照创新创业课程体系三大主体的供需关系归纳为学生—学校和学生—教师两大维度，如表5-2所示。

表5-2　　　　创新创业课程体系模块划分

| 维度 | 一级模块 | 符号 | 二级模块 | 符号 |
|---|---|---|---|---|
| 学生—学校 | 课程形式 | $M_1$ | 视频公开课 | $M_{1-1}$ |
| | | | 专家讲座 | $M_{1-2}$ |
| | | | 课堂讲授 | $M_{1-3}$ |
| | | | 实地参观 | $M_{1-4}$ |
| | 实践平台 | $M_2$ | 社团活动 | $M_{2-1}$ |
| | | | 学科竞赛平台 | $M_{2-2}$ |
| | | | 创新实验室 | $M_{2-3}$ |
| | | | 校内外实习平台 | $M_{2-4}$ |
| | | | 创新创业基地 | $M_{2-5}$ |
| | 实践形式 | $M_3$ | 创业模拟训练 | $M_{3-1}$ |
| | | | 创新创业社团活动 | $M_{3-2}$ |
| | | | 创新创业类竞赛 | $M_{3-3}$ |
| | | | 企业参观实习 | $M_{3-4}$ |
| | | | 创新创业讲座论坛 | $M_{3-5}$ |
| | | | 自主创业 | $M_{3-6}$ |

续表

| 维度 | 一级模块 | 符号 | 二级模块 | 符号 |
| --- | --- | --- | --- | --- |
| 学生—教师 | 课程内容 | $M_4$ | 创新创业基础知识 | $M_{4-1}$ |
| | | | 与专业融合的创新创业知识 | $M_{4-2}$ |
| | | | 创新创业实际案例 | $M_{4-3}$ |
| | | | 创新创业实务操作知识 | $M_{4-4}$ |
| | | | 创新创业方法论 | $M_{4-5}$ |
| | | | 创新创业前沿知识 | $M_{4-6}$ |
| | 教师能力 | $M_5$ | 引导能力 | $M_{5-1}$ |
| | | | 交叉学科知识与技能 | $M_{5-2}$ |
| | | | 沟通与互动能力 | $M_{5-3}$ |
| | | | 与时俱进 | $M_{5-4}$ |
| | | | 广博的知识储备 | $M_{5-5}$ |
| | | | 确定教学目标能力 | $M_{5-6}$ |
| | | | 设计与实施教学方案能力 | $M_{5-7}$ |
| | | | 挖掘学生潜质 | $M_{5-8}$ |
| | | | 结合理论与实际 | $M_{5-9}$ |
| | | | 捕获创业信息能力 | $M_{5-10}$ |
| | | | 扎实的理论基础 | $M_{5-11}$ |
| | | | 丰富的创业实践经历 | $M_{5-12}$ |
| | | | 综合运用多种教学方法 | $M_{5-13}$ |
| | | | 创新意识 | $M_{5-14}$ |

## 5.3 创新创业课程体系供需匹配差异度测量

根据个人—环境匹配理论，各维度中更具显著性的匹配将会对匹配整体产生更大影响，该影响可为正也可为负。同时，詹森和布

## 第 5 章　创新创业课程体系供需匹配差异及实证分析

朗（2006）对多维度匹配的分析表明，多维度匹配具有一定的补偿效果，即较好的匹配可补偿较差的匹配。例如，在创新创业课程体系中，教师在创新创业课程讲授方面较好地满足了学生需求将在一定程度上弥补学校供给与学生需求匹配程度较弱的情况。高水平匹配程度产生的积极效果往往大于低水平匹配程度产生的积极效果。课程体系中各个模块的供给与需求存在一定差距，本章用供需匹配差异度来衡量这种差距。以供给为纵坐标，需求为横坐标建立如图 5-2 所示的直角坐标系。

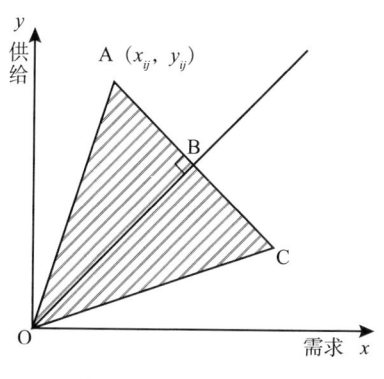

图 5-2　供需坐标系

假设一级模块 $i$ 下的二级模块 $j$ 的供给为 $y_{ij}$，学生对于它的需求为 $x_{ij}$，反映在坐标系上为点 $A(x_{ij}, y_{ij})$。当供给与需求恰好均衡时，某一模块的供需情况构成的点 $(x, y)$ 刚好落在直线 $y = x$ 上。所以创新创业课程体系中某一模块供需匹配差异度的绝对值可以用三角形 OAB 的面积来表示。当供给大于需求时，供需匹配差异度为正，反之则为负。由于直线 AB 垂直于 OB 则直线 AB 的表达式为 $y = -x + x_{ij} + y_{ij}$。进而求得 B 点的坐标为 $\left(\dfrac{x_{ij} + y_{ij}}{2}, \dfrac{x_{ij} + y_{ij}}{2}\right)$。设一级模块 $i$ 下

的二级模块 $j$ 供需匹配差异度为 $d_{ij}$，则公式为：

$$d_{ij} = \int_0^{\frac{x_{ij}+y_{ij}}{2}} y - \frac{x_{ij}}{y_{ij}} y \mathrm{d}y + \int_{\frac{x_{ij}+y_{ij}}{2}}^{y_{ij}} y - y + x_{ij} + y_{ij} - \frac{x_{ij}}{y_{ij}} y \mathrm{d}y = \frac{y_{ij}^2 - x_{ij}^2}{4}$$

(5-1)

$d_{ij}$ 具有如下性质：第一，$d_{ij}$ 越接近 0，表明匹配越适宜。第二，由公式可知，当 C 点与 A 点关于直线 $y = x$ 对称时，二者的供需匹配差异度绝对值相等，但符号相反。A 点为正值表明供给大于需求，C 点为负值，表明需求大于供给。

一级模块的供需匹配差异度由二级模块的供需匹配差异度得出。设一级模块 $i$ 的供需匹配差异度为 $d_i$，公式为：

$$d_i = \begin{cases} \sum_1^k \frac{|d_{ij}|}{N_i} & \sum_1^k \frac{|d_{ij}|}{N_i} > 0 \\ -\sum_1^k \frac{|d_{ij}|}{N_i} & \sum_1^k \frac{|d_{ij}|}{N_i} \leq 0 \end{cases}$$

(5-2)

其中，$k$ 表示一级模块下二级模块的总个数，$N_i$ 表示一级模块 $i$ 的有效样本数。当 $d_i > 0$ 时，一级模块 $i$ 供给大于需求；当 $d_i < 0$ 时，一级模块 $i$ 供给小于需求。

## 5.4 创新创业课程体系供需匹配差异的实证分析

### 5.4.1 数据收集与样本检验

本研究以问卷调查法收集数据，调查对象为创新创业课程体系建设中涉及的学生、学校和教师。在面向学生进行调查时，选择各个年级不同专业的学生,以保证对象的全面性;在对学校进行调查时,选择对负责创新创业教育的管理人员进行调查,反映学校的供给情况;在面向教师进行调查时,选择对专业教师、创新创业教师和企业导师共同调查,收集多方来源信息。在调查开始前,明确告知问卷填答者调查的匿名性并且调查结果仅供研究使用,不会对其造成任何不利影响,并承诺所有信息绝对保密。本次调查共回收学生问卷1700份,有效问卷1564份;回收教师问卷95份,有效问卷89份;回收学校问卷15份,有效问卷14份;有效回收率分别为92%、93.7%、93.3%。

### 5.4.2 供需匹配差异情况分析

根据上述公式计算得到样本的一、二级模块的供需匹配差异情况分别如表5-3和表5-4所示。

表5-3　　　　　　　一级模块供需匹配差异情况

| 维度 | 一级模块 | 大一 | 大二 | 大三 | 大四及以上 | 均值 |
| --- | --- | --- | --- | --- | --- | --- |
| 学生—学校 | $M_1$ | 0.1661 | 0.1709 | 0.1728 | 0.1711 | 0.1702 |
| | $M_2$ | 0.1991 | 0.1964 | 0.2008 | 0.1923 | 0.1971 |
| | $M_3$ | 0.1873 | 0.1938 | 0.1959 | 0.1890 | 0.1915 |
| 学生—教师 | $M_4$ | -0.0595 | -0.0350 | -0.0248 | -0.0424 | -0.0404 |
| | $M_5$ | -0.1287 | -0.1144 | -0.1099 | -0.1122 | -0.1163 |

接下来,本部分将从学生—学校、学生—教师两个维度进行分析说明。

表 5-4　二级模块供需匹配差异情况

| 二级模块 | 学生—学校 | | | | | 二级模块 | 学生—教师 | | | | |
|---|---|---|---|---|---|---|---|---|---|---|---|
| | 大一 | 大二 | 大三 | 大四及以上 | 均值 | | 大一 | 大二 | 大三 | 大四及以上 | 均值 |
| $M_{1-1}$ | 0.1889 | 0.1916 | 0.1897 | 0.1979 | 0.192 | $M_{4-1}$ | 0.0954 | -0.0239 | -0.0296 | -0.0308 | 0.0028 |
| $M_{1-2}$ | 0.1897 | 0.1948 | 0.1916 | 0.1848 | 0.1902 | $M_{4-2}$ | -0.0804 | -0.0453 | -0.0560 | -0.0635 | -0.0613 |
| $M_{1-3}$ | 0.2294 | 0.2349 | 0.2397 | 0.2453 | 0.2373 | $M_{4-3}$ | -0.0520 | -0.0358 | 0.0174 | -0.0565 | -0.0317 |
| $M_{1-4}$ | 0.0566 | 0.0625 | 0.0703 | 0.0563 | 0.0614 | $M_{4-4}$ | -0.0625 | -0.0498 | -0.0150 | -0.0448 | -0.0430 |
| $M_{2-1}$ | 0.123 | 0.1664 | 0.1745 | 0.1875 | 0.1628 | $M_{4-5}$ | -0.0243 | 0.0366 | -0.0054 | -0.0291 | -0.0055 |
| $M_{2-2}$ | 0.2004 | 0.1858 | 0.1631 | 0.1802 | 0.1824 | $M_{4-6}$ | -0.0422 | -0.0187 | -0.0254 | -0.0301 | -0.0291 |
| $M_{2-3}$ | 0.2402 | 0.2335 | 0.2385 | 0.2283 | 0.2351 | $M_{5-1}$ | -0.1656 | -0.1374 | -0.1366 | -0.1516 | -0.1478 |
| $M_{2-4}$ | 0.2164 | 0.2248 | 0.2285 | 0.222 | 0.223 | $M_{5-2}$ | -0.1429 | -0.1300 | -0.1284 | -0.1348 | -0.1340 |
| $M_{2-5}$ | 0.2155 | 0.1713 | 0.1992 | 0.1433 | 0.1824 | $M_{5-3}$ | -0.1239 | -0.1088 | -0.1072 | -0.1169 | -0.1142 |
| $M_{3-1}$ | 0.1579 | 0.1523 | 0.1549 | 0.149 | 0.1535 | $M_{5-4}$ | -0.1208 | -0.1168 | -0.1088 | -0.1077 | -0.1135 |
| $M_{3-2}$ | 0.1745 | 0.2091 | 0.2161 | 0.2094 | 0.2023 | $M_{5-5}$ | -0.1353 | -0.1428 | -0.1341 | -0.1381 | -0.1376 |
| $M_{3-3}$ | 0.2264 | 0.2227 | 0.2139 | 0.1944 | 0.2143 | $M_{5-6}$ | -0.0978 | -0.0584 | -0.0653 | -0.0603 | -0.0704 |

# 第5章 创新创业课程体系供需匹配差异及实证分析

续表

| 二级模块 | 学生—学校 | | | | | 二级模块 | 学生—教师 | | | | |
|---|---|---|---|---|---|---|---|---|---|---|---|
| | 大一 | 大二 | 大三 | 大四及以上 | 均值 | | 大一 | 大二 | 大三 | 大四及以上 | 均值 |
| $M_{3-4}$ | 0.1104 | 0.1239 | 0.1277 | 0.1289 | 0.1227 | $M_{5-7}$ | -0.0938 | -0.0662 | -0.0671 | -0.0749 | -0.0755 |
| $M_{3-5}$ | 0.2321 | 0.2363 | 0.2378 | 0.2306 | 0.2342 | $M_{5-8}$ | -0.1411 | -0.1253 | -0.1163 | -0.1077 | -0.1226 |
| $M_{3-6}$ | 0.2225 | 0.2183 | 0.2249 | 0.222 | 0.2219 | $M_{5-9}$ | -0.1410 | -0.1058 | -0.1120 | -0.1259 | -0.1212 |
| | | | | | | $M_{5-10}$ | -0.1593 | -0.1528 | -0.1376 | -0.1368 | -0.1466 |
| | | | | | | $M_{5-11}$ | -0.1176 | -0.1137 | -0.1075 | -0.1155 | -0.1136 |
| | | | | | | $M_{5-12}$ | -0.1297 | -0.1301 | -0.1163 | -0.1178 | -0.1235 |
| | | | | | | $M_{5-13}$ | -0.1113 | -0.1093 | -0.1001 | -0.0892 | -0.1025 |
| | | | | | | $M_{5-14}$ | -0.1211 | -0.1044 | -0.1008 | -0.0934 | -0.1049 |

#### 5.4.2.1 学生—学校维度

通过数据分析可知,学生—学校维度下一级、二级模块供需匹配差异度均大于0,表明学校供给普遍高于学生需求,并且在不同年级和不同模块之间,差异度大小有所不同。

就一级模块方来讲:

首先,课程形式、实践形式和实践平台供需匹配差异度均值依次增大,分别为0.1702、0.1915和0.1971。数据表明当前高校内部更注重课堂教学,在实践的推广方面略有不足。学生对形式多样的实践活动没有产生更多的需求,学校应加强推广与宣传,并积极调整实践平台建设。

其次,各一级模块供需匹配差异度随年级变化趋势相似。即课程形式、实践形式和实践平台的供需匹配差异度变化趋势相似,均为大一到大三依次增加,大三之后略有降低。大一学生的课程形式、实践形式和实践平台模块供需匹配差异度均为各年级最低,分别为0.1661、0.1991和0.1873,大三学生差异度分别为0.1728、0.2008和0.1959,均为各年级最高。数据分析表明,低年级阶段学生对创新创业课程的兴趣较大,同时学校提供的充足供给较好地刺激了学生的需求。随着年级的增加,学生对于创新创业教育的认识逐步加深,需求越来越个性化,同时,学校的供给将越来越侧重对创新创业更感兴趣的学生,造成了整体供需匹配差异较大。

就二级模块方来讲:

首先,各个二级模块供需匹配差异度均值波动较大。课堂讲授、创新实验室、校内外实习平台、创新创业讲座论坛、自主创业模块供需匹配差异度较大,分别为0.2373、0.2351、0.2230、0.2342和0.2219,均超过0.22。并且差异度较大的二级模块主要集中在实

## 第5章 创新创业课程体系供需匹配差异及实证分析

践平台方面，这也造成实践平台一级模块供需匹配差异度较大。整体来看，这些供需匹配差异度较大的模块更加针对创新创业的深入学习，因此不同学生之间的差异较大。实地参观模块供需匹配差异均值最小，为0.0614。可见学生希望通过亲身经历与实际体验来学习创新创业知识。

其次，部分二级模块呈现年级差异。创新创业基地在不同年级的供需匹配差异最为明显，差异值分别为0.2155、0.1713、0.1992和0.1433。社团活动和创新创业类竞赛各年级之间差异较为明显。创新创业讲座论坛和自主创业方面供需匹配差异度各年级之间没有明显不同，分别在0.23和0.22左右。数据分析表明，学生对于部分模块的需求会随着年级的变化而变化。随着年级的增长，学生的创新创业知识也在不断增长，需求也在不断地进行着调整，而对于部分模块来说，不同年级的学生需求不会产生较大的差异，这一方面反映出学校在这些模块的供给对于各个年级的学生普遍缺少吸引力，另一方面暴露出自主创业等针对性较强的模块并非适合大部分的学生这一问题。

### 5.4.2.2 学生—教师维度

学生—教师维度下大部分一级、二级模块供需匹配差异度小于0，表明教师供给普遍低于学生需求，并且在不同年级和不同模块之间，差异度大小有所不同。

就一级模块方来讲：

首先，一级模块供需匹配差异度均为负数，且课程内容和教师能力两个模块呈现出较大差异，如图5-3所示。其中，课程内容模块匹配程度高，供需匹配差异度均值为-0.0404，教师能力模块匹配程度低，供需匹配差异度均值为-0.1163，数据表明在教师能力方面的供需差距更显著。由于创新创业教育的特殊性,相较于课程内容,学生更关心授课教师的能力,普遍希望教师在各个方面都有较高的水平,因而与教师的供给产生了较大的差距。

其次,从各年级来看,大一学生课程内容和教师能力两个模块的供需匹配差异度绝对值分别为 0.0595 和 0.1287,为各年级中最高。大三学生的匹配差异度绝对值最小,分别为 0.0248 和 0.1099。由于大一学生刚刚接触创新创业课程,一方面创新创业能力较低,对于课程内容和教师能力的需求都比较大,另一方面他们还没有足够地了解创新创业的相关内容,无法准确把握对课程内容和教师能力的需求,因而会在课程内容和教师能力两个方面提出较高要求,导致与教师供给的匹配差异较大。大三学生已经奠定了较为扎实的创新创业理论基础,有更加明确的需求也具备了一定的自学能力,所以与教师的供给匹配程度较好。

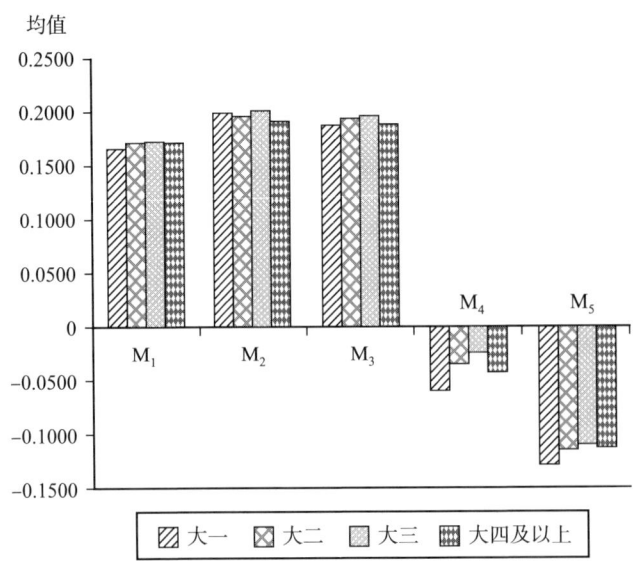

图 5-3 各年级一级模块供需匹配差异情况

## 第5章 创新创业课程体系供需匹配差异及实证分析

就二级模块方来讲：

首先，绝大多数二级模块供需匹配差异度为负，绝对值相差较大。其中，除创新创业基础知识供需匹配差异度均值为0.0028外，其余二级模块均为负数，且课程内容下的二级模块匹配差异普遍比教师能力下的二级模块匹配差异小，与一级模块匹配差异情况大致吻合。创新创业基础知识供需匹配差异度为正，是由教师和学生双方导致的。一方面，教师普遍会在大一阶段进行创新创业基础知识的讲授，由此造成供给上的过剩；另一方面，学生对创新创业知识结构的认识尚不全面，导致学生没有认识到相应的需求。

其次，部分二级模块供需匹配差异度绝对值极高。其中，课程内容中与专业融合的创新创业知识供需匹配差异度均值的绝对值最大，为0.0613。说明在各项课程内容的供给方面，专业知识与创新创业知识结合的供给最不能满足学生的需求。教师能力中引导能力和捕获创业信息能力的供需匹配差异最高，即在这两方面教师还有所欠缺。将专业知识与创新创业知识融合与上述两方面能力的提升都是需要较长的时间去锻炼和提升，这在一定程度上导致了教师供给的不足，同时学生的高要求也是造成高匹配差异的原因之一。

最后，从各年级来看，大一学生的多项二级模块匹配差异更为明显，如图5-4所示。具体而言，大一学生创新创业基础知识的供需匹配差异度为0.0954，其他年级的匹配差异度在-0.03左右。可见，创新创业基础知识集中安排在大一阶段，造成对大一学生供给过度，对其他年级学生供给较少。在教师能力一级模块下确定教学目标能力方面，大一阶段的供需匹配差异度绝对值为0.0978，而其他年级相应的供需匹配差异度绝对值均低于0.07，表明大一学生更需要明确的课程目标来学习创新创业知识，对教师确定教学目标的能力有较高的需求。

创新创业教育生态系统构建

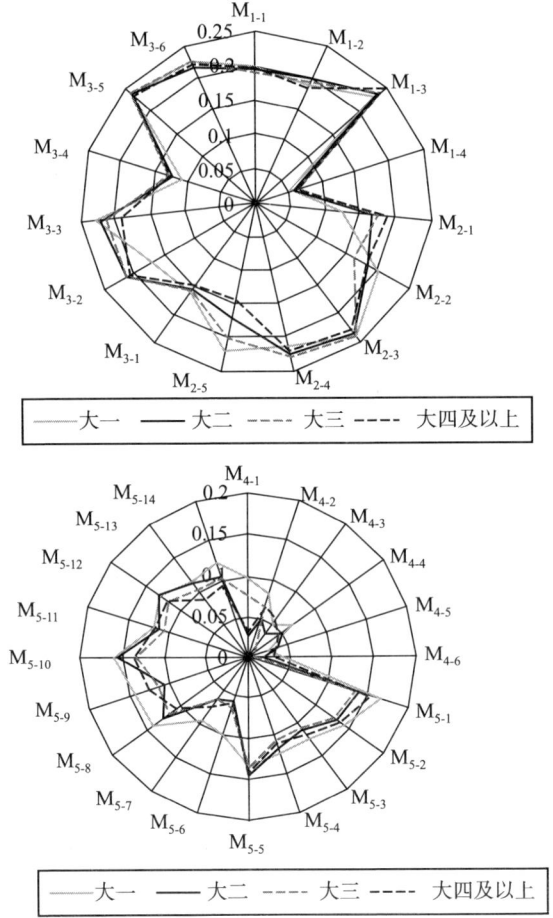

图5-4 各年级二级模块供需匹配差异情况

## 5.5 政策建议

缩小学生—学校和学生—教师供需匹配差异可以提高创新创业课程体系的效率和质量,减少学校和教师的无效供给,节约教学资源,也可以更大程度地满足学生的需求。通过数据分析,本章提出如下政

## 第5章　创新创业课程体系供需匹配差异及实证分析

策建议，为构建和优化创新创业课程体系提供一定的实践参考。

(1) 加强师资队伍培养。

加强创新创业师资队伍建设，丰富教师类型，全面提升教师的各项能力。师资队伍是创新创业课程体系的重要组成部分，优秀的创新创业教师可以合理地安排课程内容，同时帮助学生更好地提升创新创业能力。一方面，应建设多元化师资队伍。创新创业课程的授课教师应包括专职创新创业课教师、创新创业课教师兼专业课教师、外聘的企业导师等。不同背景的教师在教学时各有侧重，可以从不同角度设计创新创业课程的内容，以满足学生在各个方面的高需求。另一方面，应提升师资队伍的专业化水平。一定的授课培训、教学交流和企业实地走访可以帮助教师快速提升各项能力，更好地完成创新创业课程的讲解。

(2) 引导和激发学生需求。

提高供给质量、增加供给多样性来激发和引导学生的需求。一方面，学生对于创新创业教育认识得不全面，会导致其对创新创业课程需求过低或对所有创新创业课程都表现出无差别的高需求。学校对创新创业教育进行适当地宣传有助于帮助学生认识到创新创业能力的重要性，同时使学生明确自己现阶段在创新创业课程方面的需求，以便更好地利用校方提供的各项资源。另一方面，学校应当在调研学生需求和征询专家意见的基础上调整供给方向，在学生真正需要的方面，保持供给的多样性，提升供给质量，在其他方面减少不必要的支出。

(3) 注重差异化供给。

注重不同年级学生的需求差异，提供差异化的供给，以缩小供需匹配差异。不同年级的学生处于不同的学习阶段，对课程体系具有不同的需求。大一学生基础较薄弱，需要制定简单明确的学习目标；大二、大三的学生学习了一些创新创业课程，需要更深一步的理论学习辅以适度的实践锻炼；大四及以上年级的学生已经积累了大量的理论知识，对实践类课程的需求急剧上升。学校和教师在提供相应的供给时，应注重不同年级学生的需求差异，提供有针对性的供给，以降低整体上的匹配差异。

# 师资队伍篇

基于对创新创业教育师资队伍建设的主要问题和创新创业教师胜任特征的研究现状的分析，采用规范的研究过程构建了创新创业教师的胜任特征模型，并在此基础上，探讨基于胜任特征的创新创业教育师资队伍的建设策略和注意事项。

# 第6章 创新创业教师胜任特征模型的构建

基于对创新创业教育师资队伍建设的主要问题和创新创业教师胜任特征的研究现状的分析，本章采用规范的研究过程构建了创新创业教师的胜任特征模型。本章的主要结论包括：第一，创新创业教育师资队伍建设主要存在可满足创新创业教育需求的教师总量严重不足、教师整体水平不高导致创新创业教育无法有效开展、教师队伍结构不合理和创新创业教育师资队伍管理体制不健全四方面的问题。第二，通过文献研究、职能分析和行为事件访谈提取出16项创新创业教师的胜任特征要素，并在此基础上编制创新创业教师胜任特征量表和调查问卷。第三，通过探索性因子分析和验证性因子分析对问卷调查所收集数据进行分析，构建了创新创业教师的胜任特征模型，该模型分为创新创业元胜任特征维和创新创业专业胜任特征维两个维度，其中创新创业元胜任特征维包括自省能力、社会责任感、选择判断力、职业工匠精神、团结协作能力、适应能力、压力管理能力、交流沟通能力和学习能力9项胜任特征；创新创业专业胜任特征维包括创业实践能力、科研创新能力、创新创业专业知识、教学评价能力、创新创业意识、创新创业教学能力和科研成果转化能力7项胜任特征。

创新创业教师；胜任特征模型；元胜任特征维；专业胜任特征维

我国经济经过多年的不断发展,终于迎来了决胜全面建成小康的关键时期,但经济增长的速度近年来却逐渐缓慢,受制于原有经济增长逻辑和现有机制,中国做出的解决方法是深层次的机制体制改革。为了完成这样的改革,李克强总理在2014年9月夏季达沃斯论坛上提出了"大众创业、万众创新"的号召,希望通过简政放权为经济市场释放更大的空间,促进民众产生更加积极的经济动力。为了进一步推动创新创业的发展,在2018年国务院印发的《关于推动创新创业高质量发展打造"双创"升级版的意见》(以下简称《意见》)中提出了八个方面的政策指导措施。《意见》强调鼓励科研人员投入创新创业工作,并进一步强化了大学创新创业教育的重要意义。而高校教师是创新创业教育能否成功的关键因素和中坚力量,在培养创新创业人才过程中担任着极其重要的角色。

## 6.1 双创背景下创新创业教师的现状分析

1998年,国家劳动和社会保障部引进针对社会中小企业主的SYB创业教育项目,SYB创业师资培养在国内引起广泛关注。1999年,教育部发布《面向21世纪教育振兴行动计划》,率先提出大学生创业教育的概念,并于2002年在北京航空航天大学召开"全国高校创业教育研讨会",确定中国人民大学等9所高校作为创业教育试点单位。2003年开始,教育部每年开展常规性的创业教育师资培训活动。2005年,共青团中央、全国青联引进联合国国际劳工组织的KAB创业教育项目,有针对性地开展高校创新创业师资培养活动。2010年5月,教育部在《关于大力推进高等学校创新创业教育和大学生自主创业工作的意见》中明确指出:创新创业教育要面向全体学生,融入人才培养全过程。2012年8月,教育部办公厅下达关于印发《普通本科学校创业教育教学基本要求(试行)》的通知,将"创业基础"课纳入本科必修课程,将创业教育教学效果作为学校本科教学评估的重要内容。2015年5月,国务院颁布《关于深化高等学校创新创业教育改革的实施意见》,确立了到2020年建立健全高校创新创业教育体系、普及创新创业教育的总体目标,对创新创业教育的师资队伍建设提出了更高的要求。综上可以看出,我国对于创新创业教师队伍的建设已经经历了一系列的探索。

### 6.1.1 创新创业教育师资队伍建设的主要问题

虽然有国家的大力倡导和扶持,但是我国的创新创业教育及其师资队伍建设还存在以下问题:

第一,可满足创新创业教育需求的教师总量严重不足。根据中国高等教育发展计划的最新统计,在校大学生人数以每年1.3%~1.6%的速度递增,到2020年入学率能达到40%,相比庞大的学生数量,国内目前并没有专门的创新创业教育专业,而且大部分高校教师承担着教学和行政等诸多事务,没有过多的精力投入到创新创业教育中。

第二,教师整体水平不高导致创新创业教育无法有效开展。创新创业教育是一门综合学科,要求教师既要有教学知识,还要有丰富的具体实践经验,然而大多教师只是通过书本"自学",并没有实际创业的经验。

第三,教师队伍结构不合理,缺乏有创新创业经验的教师。总体来看,我国高校现有创新创业教育的师资主要由原来从事经济管理类等专业理论教学的教师和从事大学生就业指导的辅导员和学生工作部门的管理干部构成,缺少具有创业经历的名师、"双师"素质的教师、企事业单位的兼职教师、专精创业教育的学科和专业带头人等。

第四，创新创业教育师资队伍管理体制不健全致使教师教学动力不足。我国高校的创新创业教育大多还没有形成完整的教学体系，对创新创业教育教师的管理也较为松散，管理机构的管理职能较弱，对于创新创业教育教师的聘任、培训、课程安排、组织协调和资金支持等机制还不健全。

### 6.1.2 创新创业教师胜任特征的研究现状

胜任特征的研究最早可以追溯到古罗马时代，当时人们就曾通过构建胜任剖面图（competency profiling）来说明"一名好的罗马战士"的属性。但"胜任特征"的概念首次被正式提出却是在1973年哈佛大学教授麦克利兰（McClelland）发表的文章《测试能力而不是智力》（*Testing competence rather than intelligence*），这篇文章的发表引起了从理论界到实业界对胜任特征的研究热潮。近年来，胜任特征理论已被广泛应用于心理学、人力资源管理、教育学和社会学等众多领域。

教师是开展创新创业教育活动的关键主体，近年来在"双创"背景下教师胜任特征的研究引起了广泛关注，现有研究主要集中在以下四个方面：第一，关于在创新创业教育背景下如何提升教师胜任特征的研究，如冯弋江（2018）、廖倩（2018）、耿广汉、何华奇和宗晓蕾（2018）的研究。第二，关于高校创业教育教师评价制度构建的研究，如陈强胜（2018）的研究。第三，关于高校教师胜任特征对大学生创业能力培养的作用机制研究，如许广永和倪鑫睿（2012）的研究。第四，关于创新创业教师胜任特征模型的开发研究，如殷严严（2010）对比分析了创业型人才培养与传统MBA教

## 第6章 创新创业教师胜任特征模型的构建

育的特点,运用专家协助的短期研究设计和未来工作研究方法,构建了安徽 MBA 教师胜任特征模型;曾杰豪(2015)对高校创业课程教师胜任特征进行了探索,获取了服务意识、应变能力和发展他人等9项高校创业课程教师胜任特征指标,并对其进行概念界定与定义分级;章金萍和陈亮(2017)从"双创"对教师的新定位出发,通过对关于"胜任特征"和"创新创业"的文献研究,提炼了教师胜任特征的核心指标,并对各个胜任特征要素予以评价,最终形成了3个二级指标、9个三级指标的胜任特征模型;孙睿(2017)设计了高校教师创新创业教育胜任特征的调查问卷,并对重庆市9所高校的教师进行了调研,运用结构方程建构了一个由二阶、三维度、10个指标组成的胜任特征模型。

纵观该领域的研究,主要存在如下研究局限:第一,在模型构建方面,过程不够科学和规范。大多数研究采用定性分析的方式,缺少数据的实证支持。虽然也有少量研究采用了定量分析的方法,但大多基于单一的方法进行胜任特征要素的提取,鲜有涉及多种方法的集成使用。第二,在调研样本方面,所涉及的范围通常较窄,从而使得构建出的胜任特征模型缺乏足够的代表性。基于此,目前急需通过科学规范的方法构建高校创新创业教师的胜任特征模型并进行验证。

## 6.2 创新创业教师胜任特征要素的提取

本部分将基于文献研究、职能分析和行为事件访谈的方法,总结出符合当下创新创业教师需要的胜任特征要素。

## 6.2.1 基于文献研究的胜任特征要素提取

由于社会时代背景要求和创新创业教育发展阶段的不同,对创新创业教师胜任特征要素的要求也不尽相同。因此,对于多篇文献中出现的相同胜任特征要素,可以认为它们具有较高的认可度和通用性,本章将这些相同的要素初步看作创新创业教师基本的胜任特征要素。基于这一思路,我们以"创新创业""教师胜任特征""创新创业教育"等为关键词在中国知网的文献数据库中进行了相应的文献检索,最终依据被引用量以及主题相关度整理出14篇文献作为提取要素的依据,分别为:贾虹(2012),李丽萍、巩艳芬和肖艳玲(2013),邢大立(2013),霍雄飞(2015),李益平和王巧云(2017),刘建佳和刘静(2017),孙睿(2017),潘红、杨松青和曾慧君(2017),章金萍和陈亮(2017),冯弋江(2018),廖倩(2018),张翔和杨川(2018),温娜、田献宗和付兵红(2018),杨惠(2018),提取结果如表6-1所示。

表6-1　　　基于文献研究的创新创业教师胜任
特征要素的初步提取结果

| 文献作者与年代 | 胜任特征要素 |
| --- | --- |
| 贾虹(2012) | 创新创业实践能力、专业素养、教学指导能力、创新创业教育理念、组织管理能力、热爱创新创业教育事业、学习能力、校企结合 |
| 李丽萍、巩艳芬和肖艳玲(2013) | 创新创业专业知识、实践经验、创新创业教育理念、热爱教育事业、双师体系 |
| 邢大立(2013) | 专业能力、专业知识、实践能力、双师体系 |

## 第6章 创新创业教师胜任特征模型的构建

续表

| 文献作者与年代 | 胜任特征要素 |
| --- | --- |
| 霍雄飞（2015） | 创业知识、创业意识和精神、创业实践能力、奉献精神和事业心、创业教育教学能力、创业教育科研能力 |
| 李益平和王巧云（2017） | 创新创业知识、创新创业技能、责任感、主动性、服务意识、尊重他人、进取心、创新能力、学习能力、抗压能力 |
| 刘建佳和刘静（2017） | 创新创业专业知识、教育教学知识、教学能力、实践能力、创新能力、创新型人格特征、关爱学生和热心教育的职业忠诚 |
| 孙睿（2017） | 冒险精神、创造力、感召力、成就导向、创新能力、领导能力、社交能力、公关能力、指导与监督能力、激励能力 |
| 潘红、杨松青和曾慧君（2017） | 专业素养、创业实践能力、自我认识、调整能力、创新教育理念、创新精神、创新能力 |
| 章金萍和陈亮（2017） | 工匠精神、创新意识、团队协作能力、受挫抗压能力、网络思维、师德修养、职业技能、知识结构、教学组织与管理、科研创新精神、创业实践能力 |
| 冯弋江（2018） | 教学方法运用能力、创新能力、创新创业意识、工匠精神、实践能力、学习能力、交流沟通能力、坚定信念、校企合作 |
| 廖倩（2018） | 创新创业知识、创新创业技能、实践能力、教学组织能力、创新创业意识、自主学习能力、现代教学技术运用能力、资源整合能力 |
| 张翔和杨川（2018） | 社会责任、关爱学生、独立人格、终身学习、市场参与、教育能力、人文底蕴、市场知识、创造性知识 |
| 温娜、田献宗和付兵红（2018） | 创新创业意识、社会实践能力、科研能力、交流沟通能力、教学能力、双师体系 |

续表

| 文献作者与年代 | 胜任特征要素 |
| --- | --- |
| 杨惠（2018） | 创业技能、创业知识、创业意识、创业动机、实践指导能力、基础教学能力、思维训练能力、精神塑造能力 |

在提取以上文献中出现的创新创业教师胜任特征要素后，本节开展了以下两项工作：首先，对文献中表达意思相同但命名不同的要素进行了统一命名处理，如将表述为坚守创新创业教育的"工匠精神"和将创新创业教育作为自身使命的"责任感"统一命名为"工匠精神"、将"终身学习素养"和"专业知识学习能力"统一为"学习能力"、将"热衷教育事业"和"关爱学生和热心教育的职业忠诚"统一为"教师道德素养"等。其次，对出现频率达到30%以上或非常接近30%（如29%）的胜任特征要素进行进一步提取，最终获得10项胜任特征要素，分别为创新创业专业知识（57%）、创新创业意识（43%）、创新创业教学能力（50%）、科研创新能力（57%）、创业实践能力（71%）、工匠精神（36%）、学习能力（36%）、抗压能力（36%）、教师道德素养（36%）、专兼结合（29%），如图6-1所示。

## 6.2.2 基于职能分析的胜任特征要素提取

对于创新创业教师应具备的胜任特征要素，仅仅在当前文献研究中总结提取还远远不够。随着"大众创业、万众创新"浪潮的推进，大学职能本身也对创新创业教师的胜任特征提出了新的挑战。基于此，本部分将从人才培养、科学研究、社会服务、文化传承和创新四项大学职能出发，分析创新创业教育教师在应对这些挑战时

# 第6章 创新创业教师胜任特征模型的构建

应具备的胜任特征。

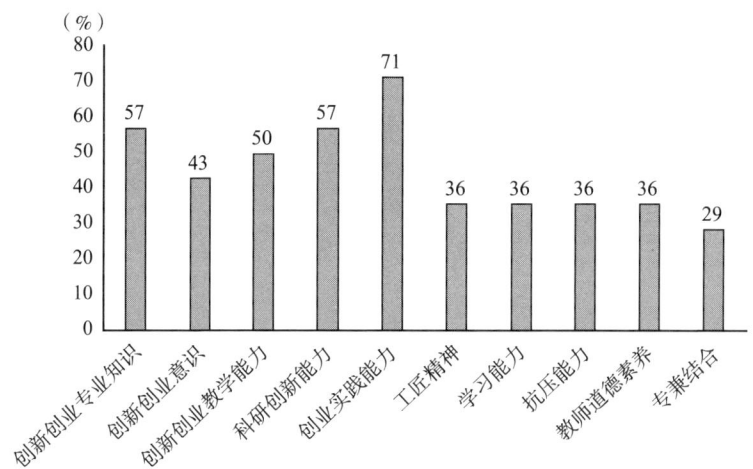

图 6-1 基于文献研究的创新创业教师胜任特征要素的最终提取结果

## 6.2.2.1 人才培养职能对创新创业教师胜任特征的要求

第一，改变人才培养教育理念。现代大学创新创业教育培养的是学生的综合创新创业素质，尽管传统的知识性教育在创新创业教育中也必不可少，但将其单独作为指导思想，会导致学生难以将理论知识运用到实践中。将理论知识在实践探索中进行传授和印证才是实现创新创业教育提升学生学习兴趣、培养学生探索精神和求真能力教学目标的体现。因此，创新创业教师在进行教学之前应转变教育理念，使得自身教学理念与创新创业教育理念相符，同时强化自身创新创业意识，认清创新创业教育工作的挑战性，将其视为一项为了满足自身、学生和社会的创新创业发展而付出大量时间精力并且对自我驱动力进行挑战的工作。基于此，改变人才培养教育理念对创新创业教师的创新创业意识提出了更高的要求。

第二,优化人才培养教学体系。目前我国的创新创业教育正在不断发展的阶段,在没有形成统一成熟的创新创业教育体系之前,这一阶段都需要不断地推进和探索,而探索的方向主要可以体现在教材、教学方式和课程体系三个方面:现有的教材对新理论、新知识和新技术的涵盖程度,现有的教学方式对新技术和新方法的利用程度,现有的课程体系将理论知识与实践锻炼有机结合的程度都远远不够。因此,创新创业教师应该勇于对教学体系进行批判和提出改进意见。基于此,优化人才培养教学体系对创新创业教师的教学评价能力提出了更高的要求。

第三,推进理论与实践结合的人才培养。创新创业教育背景下的学生应该是将独立思考能力、动手实践能力、总结反思能力和知识运用能力等综合素质体现较为全面的受教群体(杨晓慧,2015)。而要达成这样的培养效果仅靠高校教师的教学能力尚有不足,一方面,能够在学术领域和实践领域两方面都有优秀成果的教师凤毛麟角;另一方面,大多教师也无法满足创新创业人才培养所需的大量精力。因此,"双师"培养体系的推广就显得尤为重要,或是选拔一部分有意愿的青年教师进入企业挂职实践,或是聘请行业专家和企业精英将成功或失败经验分享给学生。在这一过程当中,教师要充分发挥其队伍建设能力,使创新创业教育队伍加速成长(阮建凑和陈颖,2012)。以高校教师与企业人员有机结合的方式,互相进行知识交流,让理论知识与实践知识充分碰撞与融合,从而更有效地将具有实践意义的创新创业知识传达给学生。基于此,推进理论与实践结合的人才培养对创新创业教师的实践能力、队伍建设能力和理解互动能力提出了更高的要求。

综上分析,人才培养的大学职能对创新创业教师的创新创业意识、教学评价能力、实践能力、队伍建设能力和理解互动能力5项胜任特征要素提出了要求。

**6.2.2.2　科学研究职能对创新创业教师胜任特征的要求**

第一，坚持有实践意义的科学研究。创新创业是站在我国经济体量这一巨人肩膀上探索新的突破，对社会发展进步起到推动作用的事业，对创新创业的重视，实际上是对其可能带来的经济发展优化的重视，这就对科学研究提出了十分现实的实用性要求。国家在"十三五"规划中就强调，创新是引领发展的第一动力，要深入实施创新驱动发展战略也正是强调这一点。对创新创业教师而言，科学研究不仅要体现在学术研究上，更要体现在如何将学术成果转化为实践工具上，这对推动现实生产力发展有着更为重要的意义。基于此，坚持有实践意义的科学研究对创新创业教师的科研成果转化能力提出了更高的要求。

第二，树立坚忍不拔的科研态度。创新创业背景下的科学研究与创新创业本身同样处在发展的阶段，其不断探索的过程伴随着经济社会的快速变化，进行创新创业科学研究的教师只有保证自身具备足以适应外界变化的能力，才能及时调整研究方向和内容以确保最终的研究成果不会有过大的滞后性。同时，科学研究过程需要大量的时间精力投入，如果没有热衷于科研事业的职业忠诚，良好的抗压能力与坚韧性，将很难在创新创业科学研究中有所建树。基于此，树立坚忍不拔的科研态度对创新创业教师的适应能力、职业忠诚、抗压能力与坚韧性提出了更高的要求。

综上分析，科学研究的大学职能对创新创业教师的科研成果转化能力、适应能力、职业忠诚、抗压能力与坚韧性4项胜任特征要素提出了要求。

### 6.2.2.3 社会服务职能对创新创业教师胜任特征的要求

第一，对社会负责的服务态度。大学的社会服务职能在创新创业这一领域体现得尤为明显，创新创业教育这一概念本身的提出就是为了深化供给侧改革，为社会经济发展注入活力。国家和政府为创新创业教育提供了大量的政策倾斜和资源扶持，从事创新创业教育事业需要具有使命感，秉持对社会积极发展服务的责任感。基于此，对社会负责的服务态度对创新创业教师的社会责任感提出了更高的要求。

第二，与社会进行积极沟通互动。目前政府大力推动各地区建立创业孵化园，举行校企合作交流会，引导着高校的教育事业要时时与社会企业发展相联系。在这一过程中就需要教师有良好的交流沟通能力，在与企业人员交流过程中了解对创新创业教育发展有帮助的机会或资源，并与企业人员一起合作，建立教师进入企业交流学习的渠道和创造邀请企业人员进校分享的机会，通过团结协作促进"双师"体系的发展。基于此，与社会进行积极沟通互动对创新创业教师的交流沟通能力和团结协作能力提出了更高的要求。

综上分析，社会服务的大学职能对创新创业教育教师的社会责任感、交流沟通能力和团结协作能力3项胜任特征要素提出了要求。

### 6.2.2.4 文化传承和创新职能对创新创业教师胜任特征的要求

大学四大职能中文化传承和创新提出时间最晚，但其始终没有与前三者分开过，而且在本质上，大学的教育就是高级的文化传承和创新的体现。之所以将其单独提出来，是因为文化作为国家软实力的代表，传承其中的优良之处，在现实实践中不断创新是对国家发展有战略意义的。因此，这对创新创业教师的胜任特征提出了新的要求。

第一,坚持个人优良品德。根据张斌(2013)对于大学培养人才的目的总结:大学是造就一批又一批信念执着、知识丰富、品德优良和本领过硬的高素质创新人才,其中品德优良就是大学文化传承和创新职能的最好体现。培养品德优良的学生,前提就是教师自身具有优秀的道德素质,创新创业教师通过以身作则和言传身教的教学形式,会在创新创业教育过程中潜移默化地影响学生。因此,创新创业教师良好的个人品质就成为不可忽视的要素,只有道德品质优良且具有感染力的教师才能在创新创业教育工作中坚守良好的行为准则,展示良好的行为表现,为文化传承和创新职能提供保障。基于此,坚持个人优良品德对创新创业教师的良好个人品质与感染力提出了更高的要求。

第二,坚持正确的文化价值观。鉴于我国的创新创业教育起步落后于美国、英国、日本等一些发达国家,因此我国创新创业教育需要在交流与互动中不断探索与成长,在学习借鉴他国的创新创业教育经验时要能辨别他国教育的文化背景,以批判的眼光和包容的态度去吸取其优秀之处,辨识其不符合我国国情的要素,才能保证在国际教育交流中不会丢失我们自身文化的优势,也使得创新创业教育的新动向具有中国特色。基于此,坚持正确的文化价值观对创新创业教师的判断力提出了更高的要求。

综上分析,文化传承与创新的大学职能对创新创业教师的良好个人品质、感染力和判断力3项胜任特征要素提出了要求。

基于上述大学职能分析,本部分通过分析创新创业教师在履行大学四项职能时,面对不同的要求而应具备的不同胜任特征要素,提取出创新创业教师胜任特征要素共计15项。但从不同角度出发提取的要素存在一定的相关性或重复性,因此做出以下分析及删减:

第一,由于"队伍建设能力"与"理解互动能力"的体现离不开"交流沟通能力"和"团结协作能力"的体现,即相关程度过大,因此将"队伍建设能力"与"理解互动能力"删去。第二,由于"感染力"的体现需要教师在队伍建设过程中长期与他人交流沟通,逐渐加深自己在他人心中的地位,这与"交流沟通能力"的体现存在因果关系,因此将"感染力"删去。

同时,将基于文献研究和职能分析提取的胜任特征要素中部分同义要素进行整合:第一,由于"专兼结合"要求创新创业教师队伍中既存在偏向理论教学的教师,也包括偏向实践指导的教师,这与"创新创业专业知识"和"创业实践能力"的体现重复,因此将"专兼结合"删去。第二,由于"良好个人品质"和"教师道德素养"宏观上包含素质很多,就创新创业教育方面而言,最重要的是报以对国家社会资源扶持负责的态度,坚定做好创新创业教育的信念,这可以通过"社会责任感"和"工匠精神"体现,因此将"良好个人品质"和"教师道德素养"删去。第三,将"创业实践能力"与"实践能力"整合为"创业实践能力"。第四,将"工匠精神"与"职业忠诚"整合为"职业工匠精神"。第五,将"抗压能力"与"抗压能力与坚韧性"整合为"压力管理能力"。

综合上述分析,基于文献研究和职能分析最终提取到的胜任特征要素共计15项,如表6-2所示。

表6-2  基于文献研究和职能分析最终提取到的胜任特征要素

| 序号 | 胜任特征要素 |
| --- | --- |
| 1 | 创新创业专业知识 |
| 2 | 创新创业教学能力 |
| 3 | 创新创业意识 |

续表

| 序号 | 胜任特征要素 |
|---|---|
| 4 | 教学评价能力 |
| 5 | 创业实践能力 |
| 6 | 科研创新能力 |
| 7 | 科研成果转化能力 |
| 8 | 适应能力 |
| 9 | 职业工匠精神 |
| 10 | 学习能力 |
| 11 | 压力管理能力 |
| 12 | 社会责任感 |
| 13 | 交流沟通能力 |
| 14 | 团结协作能力 |
| 15 | 判断力 |

## 6.2.3 基于行为事件访谈的胜任特征要素提取

通过文献研究和职能分析的创新创业教师胜任特征要素提取，我们对创新创业教师胜任特征的内容有了一定的了解。为了进一步探索表6-2中胜任特征在当前创新创业教育工作中的适用性，并进行相应的补充和完善，本研究采取行为事件访谈的方法，从创新创业从业教师的亲身经历中进一步提取胜任特征要素。

访谈对象涉及东北大学、山东大学、福州大学、辽宁科技学院在内的6名创新创业教师，他们的工作内容涵盖创新创业教学、创新创业师资管理、创新创业竞赛以及项目指导等。在进行采访时，要求受访者回忆自己2~3件印象最深的事例，事例可以是成功的也可以是坎坷的，在此基础上挖掘事情发生的详细经过，并询问受访者从现在的角度出发，回顾当时事件可能引起的心得体会，最后征询受访者对于目前创新创业师资队伍建设的建议。

在结束访谈之后,对访谈内容进行整理并形成文稿,在反复收听访谈录音的同时提取在访谈事例中体现的创新创业教师能力和行为表现,并形成胜任特征要素。最终经过整理和总结发现,表6-2中整理的创新创业教师胜任特征要素在访谈过程中大多数均有所体现,表明前期的分析工作是非常有意义的。同时,我们也发现了2项新的胜任特征在文献研究和职能分析中均未出现,分别是自省能力和选择判断能力。

第一,自省能力提取自对一位创新创业教学经验丰富的老师的访谈。在谈及创新创业教师培养时,该老师说道:自己所在学校进行创新创业教育时间不长,从事创新创业教学的老师来源各有不同,从行政转入创新创业教育的教师管理能力较强,从研究转入创新创业教育的教师理论知识较强。可是要针对不同来源的教师制定培训体系却并不容易,往往是周期性组织教师进行一次通用性的集训,但这并不能弥补各位教师的短板,因此教师自身需要时常对自己的能力进行反思,并且通过长期的积累让自己的能力足以胜任教学工作。因此,从中提取出自省能力,以教师能够客观认识自己的能力并且能够不断结合工作或背景需求提升自己的能力,作为具备自省能力的标准。

第二,选择判断能力提取自对一位创新创业竞赛指导经验丰富的老师的访谈。在谈及一次成功的创新创业大赛获奖经历时,该老师说道:曾在通过初赛前与学生一起收集其他队伍的信息,包括赛区师资力量的优势、面向行业的不同等。这样做的目的不仅是为了学习别人的优势从何而来,也是为了能够衡量自己队伍在全体参赛队伍中的实力水平范围,从而能够以不同的心态和准备去面对接下来若干的比赛环节,甚至提早做好被淘汰的准备,从而将更多的时间精力投入到下一次参赛的改进当中。因此，从中提取出选择判断能力，以教师能够结合可利用资源与面对状况之间的关系，预测出可能的发展结果，并且从中选择出较优的方案进行教学指导的能力，作为具备选择判断能力的标准。

## 6.3 创新创业教师胜任特征的问卷设计与数据收集

### 6.3.1 问卷设计

基于文献研究、职能分析和行为事件访谈，我们获得到了创新创业教师的胜任特征要素，共计17项。需要说明的是，在行为事件访谈中得到的"选择判断能力"解释为：教师能够基于自身能力和资源对所处情况进行判断，并做出最有利选择的能力。这与职能分析中教师应对文化传承与创新挑战时需要的"判断能力"含义比较类似，于是我们将两者合并，最终形成了16项胜任特征要素。在此基础上，我们针对每项胜任特征要素设计了相应的测量问项，具体如表6-3所示。

表6-3　　　　　　　　创新创业教师胜任特征

| 胜任特征要素名称 | 编号 | 胜任特征测量问项 |
| --- | --- | --- |
| 创新创业专业知识 | ZS1 | 了解并精通创新创业过程中可能涉及的知识，如创业资源获取方法、团队管理知识等 |
|  | ZS2 | 了解并掌握创新创业项目涉及行业中的企业运作知识 |

续表

| 胜任特征要素名称 | 编号 | 胜任特征测量问项 |
| --- | --- | --- |
| 创新创业教学能力 | JX1 | 熟练掌握多媒体教学、实践教学和网络教学教学方法 |
|  | JX2 | 能够根据学生特质对其进行个性化辅导 |
| 创新创业意识 | YS1 | 具有良好的兴趣和动机去从事创新创业教育事业 |
|  | YS2 | 能够将培养学生批判思维、洞察力、组织协调能力等创新创业素质的目标融入日常教学活动中 |
| 教学评价能力 | PJ1 | 能够对现有教学内容、教学方式等做出客观评价 |
|  | PJ2 | 能够对创新创业教学体系中不足之处提出改进建议 |
| 创业实践能力 | SJ1 | 能够无障碍或短时间内融入企业正常运作 |
|  | SJ2 | 能够带领学生将创新创业项目推进至实际运行 |
| 科研创新能力 | CX1 | 能够保持良好的科研产量,包括发表文章、专题讲座等创新成果展示 |
|  | CX2 | 能够在创新创业工作中提出新奇的想法和解决问题的建议 |
| 科研成果转化能力 | ZH1 | 在进行创新创业学术研究时明确以解决实际需求为研究前提 |
|  | ZH2 | 能够对学术成果的使用方法和适用条件条理清晰地展示,指出其如何运用到实际情况中 |
| 适应能力 | SY1 | 对创新创业项目涉及行业动态有敏感反应,及时调整教学内容和教学方法 |
|  | SY2 | 明确创新创业本身是在探索未知事物,随时做好迎接变化的准备 |
| 职业工匠精神 | GJ1 | 热爱创新创业教育工作并将其视为终生奋斗的事业 |
|  | GJ2 | 愿意付出超出工作要求的时间和精力专注于创新创业教学工作 |

## 第6章 创新创业教师胜任特征模型的构建

续表

| 胜任特征要素名称 | 编号 | 胜任特征测量问项 |
|---|---|---|
| 学习能力 | XX1 | 经常参与校企或校政交流会,把握教育工作最新要求和发展动向 |
| | XX2 | 积极主动了解创新创业前沿的研究成果,反思自身教学能力和教学理念,不断吸取新的知识 |
| 压力管理能力 | KJ1 | 能够将外界压力妥善处理,不将其影响带进教学工作 |
| | KJ2 | 对需求变化和教学目标的压力能够制订计划积极面对 |
| 社会责任感 | ZR1 | 对教学工作尽心尽力,明确自身教学态度会对教学效果产生影响从而对社会资源利用率产生影响 |
| | ZR2 | 以服务社会意识保质保量完成学校和社会交付的工作 |
| 交流沟通能力 | GT1 | 能够在教学队伍内、学生第三方机构交流过程中主动沟通,增加交流机会 |
| | GT2 | 有良好的语言组织和表达能力,并且很好理解他人语言和非语言所表达的含义 |
| 团结协作能力 | TX1 | 能够有效地与团队内成员以及企业、政府等第三方人员合作共处寻求新发展 |
| | TX2 | 具有将能够提升工作效率的工具或知识进行主动分享的意愿 |
| 选择判断能力 | XP1 | 在面临选择或挑战时,能够对其可能产生的后续发展结果有清晰的预测 |
| | XP2 | 能够结合自身能力与可以利用的资源进行最优化选择 |
| 自省能力 | ZX1 | 对自身的能力、态度和观点有客观的认知 |
| | ZX2 | 能够时常结合自身所处背景更新对自己的认知 |

基于创新创业教师胜任特征量表,本研究采用 Liket 5 分量表打分机制,测量问卷填答者自身行为表现与题项的符合程度,其中 1 为很不符合,3 为一般,5 为非常符合。同时,在问卷中设置个人信

息部分,包括性别、年龄、学历、职称、教龄、地域等信息,用作数据分析时筛选有效问卷的参考信息。

形成初步问卷之后,为保证问卷的科学性和完善性,首先,本研究将问卷发给接受过行为事件访谈的创新创业教师,并综合考虑受访教师对于题项以及问卷总体设置的意见,使得问卷所表述问题能够被填答者理解,同时填写问卷时具有一定的舒适度。其次,在结合受访教师意见的基础上,征求学术团队的建议,使得题项对胜任特征要素描述足够准确,保证问卷能够有效测量到每一个胜任特征要素。经过以上两个步骤的反复斟酌修改,最终形成了本研究的调查问卷。

### 6.3.2 数据收集

数据收集主要通过"问卷星"平台制作线上调查问卷,并通过链接分享的方式将问卷定向发放给创新创业从业教师,在明确表示调查结果将仅用于学术分析,不会对被调查者产生不良影响的情况下,累计发放共261份问卷,得到有效问卷共237份,有效率为91%。

在回收的237份有效问卷中,样本的描述性统计情况如下:在性别方面,男性占比52.32%,女性占比47.68%;在年龄方面,20～29岁占比8.86%,30～39岁占比35.02%,40～49岁占比41.35%,50岁及以上占比14.77%;在学历方面,博士占比40.93%,硕士占比48.94%,学士占比10.13%;在职称方面,教授占比14.35%,副教授占比37.13%,讲师占比35.02%,其他(助教、行政人员等)占比13.50%;在教龄方面,1～2年占比20.68%,3～5年占比39.66%,6～10年占比20.67%;10年及以上占比18.99%。

## 6.4 创新创业教师的胜任特征模型

### 6.4.1 探索性因子分析

依照成熟的因子分析经验,在构建模型之前,将 237 份有效问卷随机分成两部分,选取其中的 118 份进行探索性因子分析。首先,进行 KMO 和 Bartlett 球度检验,其中 KMO 值为 0.927,Bartlett 球度检验达 0.000 统计显著水平（<0.001）,说明数据适合做因子分析。其次,利用方差极大旋转法对因子载荷系数进行变换,提取特征值大于 1 的因子作为主成分因子,提取结果如表 6-4 所示。

表 6-4 创新创业教师胜任特征的探索性因子分析结果

| 因子代码 | 胜任特征要素 | 旋转后因子载荷 | |
|---|---|---|---|
| F1 | 自省能力 | 0.798 | |
| | 社会责任感 | 0.781 | |
| | 选择判断力 | 0.762 | |
| | 职业工匠精神 | 0.738 | |
| | 团结协作能力 | 0.702 | |
| | 适应能力 | 0.693 | |
| | 压力管理能力 | 0.680 | |
| | 交流沟通能力 | 0.665 | |
| | 学习能力 | 0.635 | |

续表

| 因子代码 | 胜任特征要素 | 旋转后因子载荷 | |
|---|---|---|---|
| F2 | 创业实践能力 | 0.795 | |
| | 科研创新能力 | 0.734 | |
| | 创新创业专业知识 | 0.721 | |
| | 教学评价能力 | 0.681 | |
| | 创新创业意识 | 0.664 | |
| | 创新创业教学能力 | 0.656 | |
| | 科研成果转化能力 | 0.528 | |
| 特征值 | | 9.310 | 1.017 |
| 累计方差贡献率（%） | | 35.802 | 64.546 |

根据表6-4探索性因子分析结果所示，创新创业教师胜任特征主要可以分为两个维度。

F1中包含9个胜任特征要素，分别为：自省能力、社会责任感、选择判断力、职业工匠精神、团结协作能力、适应能力、压力管理能力、交流沟通能力和学习能力，并将F1命名为"创新创业元胜任特征维"。其中，自省能力指创新创业教师能够不断结合变化的客观环境更新对自身能力的认知；社会责任感指创新创业教师明确创新创业教学工作将会对社会发展产生或大或小的直接影响；选择判断力指创新创业教师对教学工作具有前瞻能力，并且能够合理选择适合教学工作开展的方向与内容；职业工匠精神指创新创业教师热爱并且专注于创新创业教育事业；团结协作能力指创新创业教师在与他人共同进行教学活动时能够有效配合，高效推进工作；适应能力指创新创业教师能够处变不惊地面对创新创业教育日新月异的教学任务和教学环境以及做出灵活的反应；压力管理能力指创新创业教师面对不同的教育工作要求和环境变化能够平静面对并制

## 第6章 创新创业教师胜任特征模型的构建

定解决方案;交流沟通能力指创新创业教师具备良好的语言组织表达能力,以及能够准确解读他人表达意思的能力;学习能力指创新创业教师能够时常通过交流会或论坛等方式学习前言创新创业教育相关知识。上述9项胜任特征要素主要描述高校教师在进行创新创业教育工作中体现的通用胜任特征,同时也是发展自身能力,提高其他胜任特征的基础。根据王勇(2003)对员工胜任特征分类观点,具有以上属性的胜任特征属于元胜任特征维度。因此,将F1命名为"创新创业元胜任特征维"。

F2中包含7个胜任特征要素,分别为:创业实践能力、科研创新能力、创新创业专业知识、教学评价能力、创新创业意识、创新创业教学能力和科研成果转化能力,并将F2命名为"创新创业专业胜任特征维"。其中,创业实践能力指创新创业教师具备引导创新创业项目实际运行的能力;科研创新能力指创新创业教师在创新创业领域前沿的研究成果生产力;创新创业专业知识指创新创业教师掌握基本的创新创业教育相关知识;教学评价能力指创新创业教师能够客观看待所处教学体系的优缺点,并且提出改进意见的能力;创新创业意识指创新创业教师要有良好的创新创业教育驱动力,有意识地将培养学生创新创业综合能力融入日常工作;创新创业教学能力指创新创业教师具备基本的教学能力以及创新创业教育必要的翻转课堂、实践模拟教学能力,并熟练掌握完成教学需要的技能;科研成果转化能力要求创新创业教师进行的创新创业前沿研究具备丰富的实践意义,并且能够在实际运用中发挥一定的作用。上述7项胜任特征要素主要描述创新创业教师在创新创业专业方向(包括教学、研究、竞赛、实践指导)中体现的创新创业专业能力。因此,将F2命名为"创新创业专业胜任特征维"。

## 6.4.2 验证性因子分析

在探索性因子分析的基础上,利用剩余的 119 份有效数据进行验证性因子分析,分析结果如图 6-2 和表 6-5 所示。

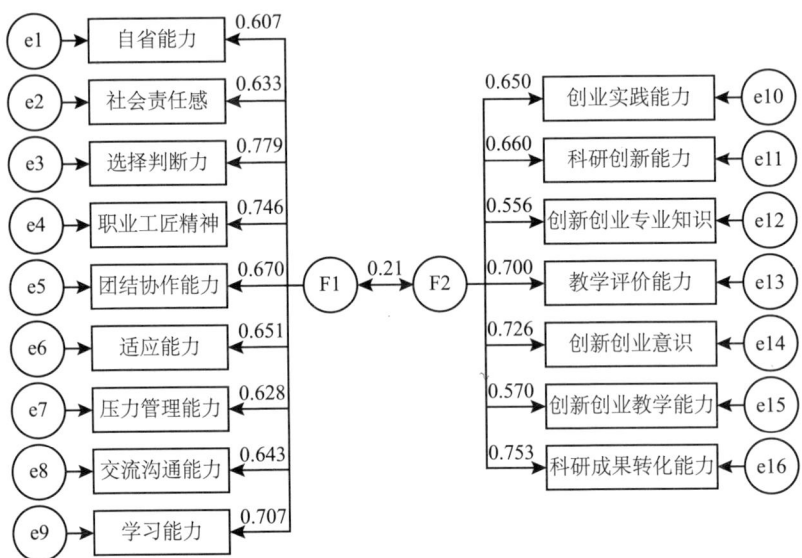

**图 6-2 创新创业教师胜任特征模型结构**

注:e 为测量误差或残差。

由图 6-2 可知,创新创业教师胜任特征问项的标准化因子载荷系数均大于 0.5。

表 6-5　　　创新创业教师胜任特征模型的拟合指数

| 检验指标 | $\chi^2/df$ | GFI | NFI | IFI | CFI | RMR | SRMR | RMSEA |
|---|---|---|---|---|---|---|---|---|
| 经验值 | <3 | >0.9 | >0.9 | >0.9 | >0.9 | <0.05 | <0.05 | <0.1 |
| 模型值 | 1.449 | 0.889 | 0.857 | 0.955 | 0.946 | 0.025 | 0.0486 | 0.056 |

注:GFI 为拟合优度指数,NFI 为规范拟合指数,IFI 为递增拟合指数,CFI 为比较拟合指数,RMR 为均方根残差,SRMR 为标准化残差均方根,RMSEA 为近似误差均方根。

由表 6-5 可知，各拟合指数基本在经验值范围内，其中拟合优度指数 GFI 及标准拟合指数 NFI 尽管小于经验值 0.9，但也十分接近，可以认为本研究构建的创新创业教师胜任特征模型在结构上具有参考意义。

# 第7章 基于胜任特征的创新创业教育师资队伍建设

基于构建的创新创业教师胜任特征模型,本章详细分析其在师资队伍建设中的优势与原则,探讨基于胜任特征的创新创业教育师资队伍的建设策略和注意事项。本章的主要结论包括:第一,基于胜任特征的创新创业教育师资队伍建设,应遵循动态性、目的性和职位性原则。第二,基于胜任特征的创新创业教育师资队伍建设策略,主要包括基于胜任特征的甄选策略、基于胜任特征的考核策略、基于胜任特征的培训策略和基于胜任特征的职业发展策略。

创新创业教师;胜任特征模型;甄选策略;考核策略;培训策略;职业发展策略

## 第 7 章　基于胜任特征的创新创业教育师资队伍建设

创新创业教师胜任特征模型对于实践有重要的应用价值，主要体现在：第一，可以为创新创业教育下高校进行教师的甄选、考核、培训与职业发展指明方向，有效解决创新创业教育需求的师资总量严重不足、教育师资整体水平不高、教育师资队伍结构不合理以及教育师资队伍管理体制不健全等现实问题。第二，可以为创新创业师资资源开发的各项实践提供良好的沟通平台和实践依据，以更好地理解创新创业师资队伍建设与产出高水平科研成果和培养高层次精英人才目标之间的关系。第三，可以把教师的发展和国家的创新战略紧密结合，实现教师资源利用率的最大化，推动"建设创新型国家"战略的有效落地。基于此，本章将基于构建的创新创业教师胜任特征模型，详细分析其在师资队伍建设中的优势与原则，探讨基于胜任特征的创新创业教育师资队伍的建设策略和注意事项。

## 7.1　基于胜任特征的创新创业教育师资队伍建设的优势与原则

### 7.1.1　基于胜任特征的创新创业教育师资队伍建设的优势

胜任特征作为区别工作绩效的重要指标，其能够区分绩效优异者与绩效平平者性格、知识、行为等特征的自然属性，决定了以其作为参考标准进行实际工作中的行动指导。在创新创业教育师资队伍建设过程中，以胜任特征为基础的建设途径主要优势有以下三点：

第一，胜任特征以提升组织和岗位的绩效为目的，在实际运用上具有极强的针对性。不同组织、不同岗位的胜任特征各有不同，即便是同样的胜任特征模型框架，也能根据社会发展阶段、经济背景、行业背景、公司规模等要素的不同而发生改变。在构建创新创业教师胜任特征模型的过程中，我们先后提取了理论上（文献研究）具有认可度的、岗位性质上（职能分析）需要具备的、实际经验中（行为事件访谈）重要的胜任特征要素，最后又通过了大量目前创新创业教师的行为表现和特征分析而得出最终的创新创业教师胜任特征要素及模型。因此，本研究所构建的胜任特征模型对于解决目前创新创业教育发展缓慢，提升创新创业教育队伍的高效性有较高的针对性。

第二，创新创业教师胜任特征模型为创新创业教育师资队伍建设提供了一种"通用语言"。如同"依法治国"的治理思想，统一标准化的理论依据能够让国家每一个公民都有条不紊地依照章程行动。以创新创业教师胜任特征模型为基础的一系列方针策略制定，包含了组织的发展战略思想，保证了符合胜任特征要求的教师能够更好地贴合创新创业教育发展战略。在创新创业师资队伍建设过程中，每一个教师都需要遵循胜任特征要求，因为创新创业教师胜任特征不仅能够保证教师在教学工作中统一步调，还为在某些特征上有所不足的教师职业发展提供了清晰的提升方向。

第三，创新创业教师胜任特征模型可以提供量化人力资源管理指标（谷向东和郑日昌，2004）。创新创业教师胜任特征是在创新创业教育工作中，高绩效教师应该具备的标准行为表现和个体特征，在人力资源管理过程中的甄选及考核阶段，可以按照教师实际表现与胜任特征的符合程度进行打分，并根据各学校对创新创业教育不同的定位和重视程度进行考核中各指标权重分配，使得以胜任特征模型为基础设计甄选及考核指标具有良好的指导意义。

## 7.1.2 基于胜任特征的创新创业教育师资队伍建设的原则

基于胜任特征的创新创业教育师资队伍建设的中心思想是以创

### 第7章 基于胜任特征的创新创业教育师资队伍建设

新创业教师胜任特征模型展开行为规范和个体特征要求规定,在进行实际运用中要遵循以下几点原则:

第一,动态性原则。创新创业教师胜任特征的适用性受创新创业教育发展阶段和教师能力现状等多方面限制,其中任一方面发生改变都将对创新创业教师胜任特征模型的整体结构和内容产生影响。因此,在运用胜任特征模型对教师进行评价时,应该灵活处理,同时批判性地反思模型本身的适用性。

第二,目的性原则。创新创业教师胜任特征模型强调教师如何进行创新创业教育活动,其中涉及的行为标准应被视为参考标杆,而不是被视为教师行为守则进行生硬的要求。例如教师没有时常参与各种类型的交流会或研讨会,但自己常将前沿的学术研究成果整理并系统学习,也可认为该教师具有良好的学习能力。

第三,职位性原则。本研究构建的创新创业教师胜任特征模型用以创新创业教育师资队伍的整体建设,建设过程中涉及整合校内校外的师资力量,由于不同性质和不同岗位的工作属性不同,不可将胜任特征模型全盘套用,在使用时应有选择性地对每个岗位进行某几项胜任特征的测量。

## 7.2 基于胜任特征的创新创业教育师资队伍建设的具体实施策略

### 7.2.1 基于胜任特征的甄选策略

在创新创业教师的甄选阶段,需要师资队伍管理者能够以较高的视角考查候选教师的各项能力,但高校教师自带的高水平高素质属性,使得管理者需要既精通学术研究,又具有丰富教学经验,还能够结合高校发展要求和自身管理知识进行辨别。本部分基于构建的创新创业教师胜任特征模型，设计了如下甄选策略。

#### 7.2.1.1 确定甄选机制

在建立整体甄选机制上，借鉴徐智华（2014）提出的"复合漏斗模型"甄选方式进行设计，即通过胜任特征模型的不同维度分层逐次选拔。鉴于创新创业教师胜任特征涉及两个维度，而其中创新创业元胜任特征维作为发展和提升其他胜任特征的通用基础，将其设为甄选机制的第一层较为合适，创新创业专业胜任特征维则设为甄选机制的第二层用以进一步甄选。

#### 7.2.1.2 确定甄选流程

在甄选机制的基础上设计合适的甄选流程将甄选层次区分开，从而达到选出合适人选的目的，具体流程如下：

第一，简历筛选。简历可以看作一个人工作经历、学历水平、性格特点等方面的缩略图，通过简历进行创新创业教师筛选可以初步筛选掉研究方向不在创新创业领域、研究或教学成果不够突出以及一些家庭背景（家庭住址、人员组成等）不太符合队伍发展要求的候选人，提高后续甄选的效率。

第二，笔试和面试。在笔试方面，通过一定笔试题目测试，可以对候选教师的知识技能、能力性格等方面有一个初步认识。在面试方面，通过一些结构化面试设计，可以多方面测量候选教师的综合能力，也可与笔试结果进行对比检验，保证测试结果的真实性。在笔试和面试方面都要遵循"复合漏斗模型"甄选机制进行，即先测试候选教师在创新创业元胜任特征维的表现，再测试候选教师创新创业专业胜任特征维的表现。

## 第7章 基于胜任特征的创新创业教育师资队伍建设

第三，评分。根据事先拟定好的评分标准对候选教师的笔试面试表现进行综合评分，然后根据得分由高到低进行排序，选出符合要求的创新创业教师加入队伍。

第四，人才库更新。在笔试或面试流程中，候选教师可能会因为一些客观原因发挥失常，或者是在创新创业元胜任特征维中相关胜任特征表现出良好的潜力，但经验不足导致技能掌握不充分被淘汰掉。尽管这部分候选教师没有通过甄选，但可以作为未来扩张队伍规模时的重点观察对象放进人才库。

### 7.2.1.3　确定甄选方法

在上述甄选流程中涉及一些测试题目的设计，鉴于胜任特征包含内容较为复杂，外显的胜任特征（如知识技能等）比较容易设计题项，以得分制进行测量，内隐的胜任特征（如自我认知、价值观等）则不太容易被测量。因此在本部分中提出多种甄选方法，用以在笔试或面试中作为测量工具进行筛选，但使用方法并不绝对，应根据学校自身创新创业教育发展需求进行调整和使用。下面从笔试和面试两个阶段分别提出甄选方法的一些设想。

（1）笔试阶段。

首先，为了满足队伍建设的需求，创新创业教师的团结合作精神和开朗外向的性格对队伍建设有极大的推动作用，同时也符合创新创业元胜任特征维的要求。因此，通过性格测试对候选教师进行初步测试。以适应能力为例设置笔试题目，如表7-1所示。

表 7-1　　　　　　适应能力性格测量表的示例

| 测量要素 | 适应能力 | |
| --- | --- | --- |
| 根据以下描述选择最符合的结果 | 最不符合 | 最符合 |
| 我的工作内容时常受到要求而改变 | | |
| 我渴望不固定的工作方式 | | |
| 我对频繁变动的外部环境（同事异动、工位调整等）感到头疼 | | |

以性格测试的方法需要设置若干与测量要素相关的描述题项，分成几批反复进行测试，如针对适应能力共设计12个题项，则可以4个为一组分成三组进行测试，最后的测量结果可以看出被试者前后选择逻辑是否一致，从而测量出较为真实的适应能力程度。

其次，创新创业教师的专业知识能力是教学成果的保障，也符合创新创业专业胜任特征维的要求，因此可以借鉴一般考试模式进行笔试设计。在题目设计上可以参考已有的成熟笔试题目，结合队伍建设的发展需求，设计独特的知识技能题目，整理成符合创新创业师资队伍建设甄选需求的题库。

（2）面试阶段。

面试的方法较为灵活，在面试过程中也可以通过不断发问的方式了解候选教师更详细的胜任特征水平。

首先，可以通过行为表现回顾的方式提问候选教师，通过胜任特征模型中不同胜任特征要素设置一些关键行为事件，询问候选教师过去的经历中在类似行为事件中是如何表现和处理的，以及最终得到了什么样的结果。如果候选教师没有过类似的经历，则可以通过案例分析的方式进行测试。以交流沟通能力为例设计案例分析题目，如表7-2所示。

表7-2　　　　　　　交流沟通能力案例分析题目的示例

| 测量要素 | 交流沟通能力 |
| --- | --- |
| 题目 | 假如现在你所在的学校争取到了下一次省级创新创业校企交流会的主办权,而你受学校委托在下一次交流会前负责带领一批老师通过线上或线下的方式确定与会的单位名单,你将如何展开工作? |

以上两种方式的面试测试都可以针对候选教师的某一胜任特征表现进行测试,但单一胜任特征的体现难免与其他胜任特征伴生出现,如交流沟通能力可能会伴随团结协作能力和社会责任感出现。因此,针对某一胜任特征要素的题项时也可考虑与其他胜任特征要素的题项相互结合,综合测量候选教师的多方面胜任特征表现。

其次,由于创新创业教育师资队伍不仅有来自学校内的专职教师,还包括来自学校外的外聘教师。外聘教师可能是企业高管或行业专家等,运用上述甄选方法已经足以测试候选外聘教师在创新创业元胜任特征维和创新创业专业胜任特征维的表现。但在专职教师的甄选方法中,还可根据需求和资源设置模拟课堂,通过试讲的方式直接将候选专职教师的创新创业专业胜任特征维中胜任特征进行充分展示,这种方法可以根据学校的创新创业师资队伍发展需求和课堂资源选择性使用。

## 7.2.2　基于胜任特征的考核策略

绩效考核是人力资源管理的重要环节,高校教师的绩效考核结果往往直接与职称评定、晋升、职位调整及薪资等直接相关,这一系列人力资源管理决策的制定又决定了学校的师资水平、学科竞争力等可持续发展能力。因此,绩效考核不仅与教师和学校利益相关,更重要的目的是通过考核提升教师的工作业绩和职业能力(付亚和许玉林，2005）。

贝文和汤普森（Bevan and Thompson，1991）认为绩效管理的主要目标是"让人力资源不同的组成成分进行整合，使它们与组织的目标紧密联系在一起"。基于胜任特征的考核则正好为组织发展建立了一种"通用语言"，因此围绕胜任特征模型制定合适的考核方法督促和激励创新创业教师绩效表现朝着组织发展的目标靠近就极为重要。由于创新创业教育工作内容在教学、研究、项目指导等方面各有不同体现，使得考核内容应根据工作内容进行差异化制定，针对不同职能的教师考核应该选取不同的胜任特征组合。同时，由于工作内容的差异性，考核方式很难引入关键绩效指标（key performance indicator，KPI）、平衡记分卡（balance score card，BSC）等可以按照步骤或经济量化的方法运作，但却可以借鉴其统一的思想：通过工作内容分析以匹配不同的胜任特征。因此，本部分提出在测量创新创业教师胜任特征时结合工作分析的方法，将工作内容划分出一定的层次，根据不同的层次按照行为锚定等级量表法（behaviorally anchored rating scale，BARS）设计评分表。比较常见的做法是将每项胜任特征分为3~5个等级，针对每个等级胜任特征表现的不同程度进行行为描述，并将其作为指标进行考核。以自省能力为例进行如下等级量表设计，如表7-3所示。

表7-3　　　　　　　　自省能力等级量表设计示例

| 测量等级 | 自省能力描述 | 请在最符合描述的等级勾选 |
| --- | --- | --- |
| 第1级 | 能够经常有意识地反思自身能力，并且在教学工作中优化工作方式 | |

续表

| 测量等级 | 自省能力描述 | 请在最符合描述的等级勾选 |
|---|---|---|
| 第2级 | 经常结合客观环境以及主动询问他人看法，形成对自身的客观认识，从而清晰地改变工作中不足之处 | |
| 第3级 | 能够定期对自身能力进行客观审视，结合外部客观条件形成可视化结果，且每一次审视结果均有所优化 | |

行为锚定等级量表的制定通过将不同程度的胜任特征行为表现进行等级量化处理，操作上更加灵活自由，针对不同的创新创业教师胜任特征重要性还可根据实际需要进行权重加成。同时，该量表不仅应由管理者或人力资源部门周期性填写，还应从教师本人、同事、学生等不同的角度加以评判，不同角度的评判结果也可加以权重的方式使之更贴合创新创业教育师资队伍发展的战略。

## 7.2.3 基于胜任特征的培训策略

创新创业教育在中国的发展历程较短，同时结合行为事件访谈过程中创新创业教师培训经历获知，目前暂无可以在胜任特征角度上发挥实际良好作用的教师培训体系。基于此，本部分借鉴姚凯和陈曼（2009）对基于胜任特征模型培训系统建立的建议，以提升创新创业教师胜任特征行为表现为目标，进行以下培训策略的设计。

### 7.2.3.1 评估创新创业教师胜任特征表现

创新创业教师培训的基础是对创新创业教师胜任特征有一个清晰的认识，只有对症下药才能有效发挥培训的作用。因此培训策略设计的起点是根据考核策略中对创新创业教师进行评估的结果，判定教师在每一胜任特征表现处于何种等级，并在此基础上进行后续培训计划设计。

#### 7.2.3.2 寻找创新创业教师胜任特征的实际表现与目标之间的差距

创新创业教师胜任特征模型为创新创业教师的行为表现和个体特征设定了一个标杆,而这一标杆在甄选和考核阶段分为了多个层级的标准,学校在对创新创业教师进行培训时要明确需要将创新创业教师行为表现培训到何种层级,并将此层级作为目标对比现有教师胜任特征表现上的差距,从而制订培训计划的强度和频率。

#### 7.2.3.3 分析差距原因

在确定创新创业教师在胜任特征表现上的差距后,还需分析差距产生的原因。诸如自省能力、社会责任感等比较内隐胜任特征的表现差距受主观影响较大,可能需要长期的培训进行熏陶。而类似创业实践能力的提升可能需要政府或企业的资源支持,通过孵化基地实践、企业学习等方式提高教师的创业实践能力。因此,每项胜任特征培训方式的确定要综合考虑胜任特征本身的属性和培训方式的可行性。

#### 7.2.3.4 确定培训提升方案

培训提升方案的确定可以有多种选择,本部分仅展示两种常见的方式。

第一,文件学习。如何从国家的政策方针中有效提取出指导思想,并且将其转化为清晰的创新创业行动,仅靠管理者领会政策精神并加以传递是远远不够的。因此,应当周期性地组织教师学习国家有关创新创业的政策方针,这不仅能够降低信息滞后的程度,还能调动教师主观能动性。当创新创业教师集合在一起学习文件,这种行为本身就是在强化教师在学习能力、团结协作能力、交流沟通能力等创新创业元胜任特征维的表现。

第二,专家讲座。和普通企业员工培训相同,创新创业教师也需要外聘专家举办讲座。邀请行业专家分享知识经验的培训方式主要针对创新创业专业知识、创业实践能力、教学评价能力等专业胜任特征维度。

## 7.2.4 基于胜任特征的职业发展策略

按照中国职业规划师协会的定义,职业发展是组织对员工目前或将来工作所需技能和知识方式的规划。高校教师的高素质水平及独立性使得学校无法特别细化规定教师的发展道路,过于繁杂的限制对教师的积极性无疑是种打压,也是对教师能力的质疑。以胜任特征模型为基础制定的职业发展策略可以灵活地进行调整,包括职称评定、薪资福利待遇等,也可更大程度上激发教师发展动力。一个完整的职业规划由职业定位、目标设定和通道设计三个要素构成(姚裕群和刘家珉,2009)。因此,本部分综合学校和教师的角度,进行以下职业发展策略的设计。

### 7.2.4.1 职业定位

在职业定位方面,学校在为创新创业教师规划职业发展时:首先,应该规划创新创业元胜任特征维中各要素的提升方案,因为只有保证了作为创新创业教师的能力基础,才可以更有效发展其他胜任特征,实现学校和教师个人的目标追求。其次,应根据工作内容在创新创业专业胜任特征维的表现需要,细分为三种不同方向的创新创业教师类型,分别是以学术研究、课堂教学等专业知识提升和传授为主的教学类教师,以实践指导锻炼(包括创新创业竞赛指导、模拟实践等）为主的教练类教师和以企业高管和行业专家为代表的在创业实践方面经验丰富的外聘教师。

#### 7.2.4.2 通道设计

在通道设计方面，对不同职业定位的教师分别进行通道设计，如华为将员工职业通道分为管理类和技术类，京东将员工职业通道分为管理类、职能类和技术类。本部分将创新创业教师职业通道设计为三类：教学类、教练类和外聘类。其中教学类和教练类均为专职教师，但教学类创新创业教师主要负责理论知识传授，包括课堂教学、学术研究等；教练类创新创业教师则主要负责实践指导锻炼，包括创新创业竞赛指导、模拟实践等；而外聘类创新创业教师主要针对外聘的企业高管、行业专家等设计。通道设计的具体方式如下：

对于教学类创新创业教师，其发展路径为：助教—讲师—副教授—教授。通过日常绩效考核和教师选择提升的胜任特征表现，周期性地从发展路径中位于前一阶段的部分教师晋升到下一阶段。

对于教练类创新创业教师，其发展路径与教学类相同，但考评方面除了结合日常绩效考核和选择提升的胜任特征表现外，更侧重竞赛结果、带队数量、模拟实践成果等实践指导的考评。

对于外聘类创新创业教师，其发展路径为：兼职教授—客座教授—名誉教授。在每一次晋升评定时，综合考虑外聘教师的胜任特征表现以及学校规定的教学任务完成度（如案例分享、专题讲座数量等）进行评定。

## 7.3 基于胜任特征的创新创业教育师资队伍建设的注意事项

基于胜任特征进行创新创业教育师资队伍的建设,应注意以下几点事项:

第一,胜任特征模型只是参考,切不可生搬硬套。本研究所构建的创新创业教师胜任特征模型是以整个师资队伍进行的较为全面的设计,由于创新创业教师的工作内容和侧重各不相同,一味将模型整体套用在师资队伍中每一名教师上,可能会引起教师极大的不适感,这将反而引起教师积极性下降,导致绩效降低的结果。

第二,测量量表的题项设计不要一味追求全面复杂,应结合可行性对题项数量进行设计。过于复杂的量表设计不仅在后期结果处理上加大了时间和人力成本,而且也在一定程度了影响了测量的准确性。

第三,测量题项的呈现应有所差异。本部分所设计的各个量表仅为样本示范,实际的题项设计可以根据需求不同进行调整。例如:性格测试可以设计更多题项,分组进行测试后还可以对每一组中选择相同的结果再一次进行编组测量,使用方法不唯一;案例分析也可以作为面试过程中的题目,通过练习发问的方式测量被试教师的胜任特征体现;行为锚定等级量表的设计也可根据胜任特征的真实体现进一步划分更细的等级。差异化的题项设计可以让被试者避免思维惰性,从而提高测量结果的可靠性。

# 实践评价篇

结合产研双方力量，设计了校企合作模式下高校创新创业实践体系；基于消费者导向评价模式理论，从学生视角出发确定了创新创业教育评价的指标要素，并采用柯氏模型的基本框架，构建了高校创新创业教育评价体系。

# 第8章　校企合作模式下高校创新创业实践体系设计

在"大众创业、万众创新"的热潮下,高校的创新创业教育工作不断推进。然而,高校由于自身资源的限制往往比较重视理论教学,忽视了实践体系的重要性,导致大学生的创新创业实践能力没有得到有效培养。基于此,本章结合产研双方力量,构建校企合作的高校创新创业实践体系,这是完善"双创"人才培养机制的重要环节。本章的主要结论包括:第一,创新创业实践体系主要包括实践平台和实践课程两部分。第二,创新创业实践体系存在的问题主要包括实践平台建设不足、实践课程形式单一和创新创业师资队伍结构不平衡。第三,校企合作建设创新创业实践体系的主要原因包括:企业参与高校创新创业建设可以实现多方共赢和满足高校创新创业教育的内在需要。第四,校企合作模式下创新创业实践体系的内容主要包括建立"软硬兼施"的实践平台、构建"内外兼修"的创新创业氛围和建设"知行合一"的师资队伍。

创新创业;校企合作模式;实践体系设计

习近平总书记在致 2013 年全球创业周中国站活动组委会的贺信中指出,青年是国家和民族的希望,创新是社会进步的灵魂,创业是推动经济社会发展、改善民生的重要途径。随着我国"大众创业、万众创新"的热潮,高校创新创业教育发展迅速,取得了一系列的成果。其中,创新创业实践体系是创新创业教育的重要组成部分,但由于认知偏差或资源有限等原因,高校对实践体系的关注明显不足,大学生对于高校创新创业教育实践指导的满意度也较低(张宝生和祁晓婷,2018)。大学生是高校创新创业教育最直接的受益者,从大学生的视角来分析高校创新创业实践体系存在的问题并提出对策建议,可以更好地满足大学生的创新创业需求,增强创新创业实践体系的针对性,对于发展和完善高校创新创业教育体系具有重要意义。

## 8.1 高校创新创业实践体系的构成

随着创新创业教育的开展,如何在教育过程中把握学生需求,有针对性地提高大学生创新创业实践能力,成了高校创新创业实践体系的重点目标。基于此,高校的创新创业实践体系应当包括实践平台和实践课程两个方面。

实践平台由学生社团、创新创业项目和学校机构三部分组成。这三种不同类型的平台均可以为大学生提供创新创业实践机会,并从不同层次上锻炼大学生的创新创业能力。其中,学生社团是指学生出于共同的兴趣爱好自发组成的、按照规定章程开展活动的校内学生组织,是我国校园文化建设的重要载体,创新创业社团主要致力于为创新创业大学生提供社交平台,让大学生更容易找到志同道合的伙伴，共同实践。创新创业项目是指由政府、学校、社会团体等组织实施，由大学生参加的项目，可以为大学生提供更加丰富的实践机会，锻炼大学生自身的创新创业能力。学校机构是大学生创新创业实践的主要平台，包括创新创业学院、创业孵化基地、大学生创业指导中心等相关部门，这些机构为创业大学生提供硬件支持、启动资金与政策帮扶等服务。

实践课程是创新创业课程体系的重要组成部分，课程教学的目标是通过创新思维训练和创业活动操作来提升学生的创新创业技能，实现学生创业理念的全面培养（米银俊、许泽浩和罗嘉文，2018）。实践课程是教学与实践相结合的重要一环，如何通过各类实践活动培养大学生的实际"双创能力"是高校创新创业实践体系的重中之重。

## 8.2 高校创新创业实践体系存在的问题

实践体系是创新创业教育的重要保障，是创新理念与创新实践相结合的关键。但是，大多数高校的创新创业实践教育往往限于课堂教学，重于理论的指导，难以为大学生提供充足的实践机会。部分高校甚至对创新创业教育还存在认知误区，误认为学生的创新创业能力是指创办企业的能力（毛素芝，2019），忽视了创新创业实践教育的本质目标，严重影响了高校创新创业实践效果。作为高校创新创业教育的面向群体，大学生更加清楚自己的能力缺陷和教育需求，他们的反馈意见能够较为真实地反映目前高校创新创业实践体系存在的问题。基于此，我们对辽宁省10所高校的大学生进行了调查，共发放问卷1592份，回收有效问卷1373份，有效率为

86.24%。通过对调查数据的分析,我们发现高校创新创业实践体系在实践平台建设、实践课程形式与师资队伍方面存在诸多问题。

### 8.2.1 实践平台建设不足

创新创业实践平台是大学生创新创业活动的重要载体,学生社团和创新创业项目则是大学生创新创业活动的平台基础,学校机构则可以为大学生创新创业项目提供场地、扶持资金和优惠政策,在创业初期为大学生"保驾护航"。然而,从调查数据来看,现有的实践平台主要存在以下几个方面的问题:

首先,实践平台的创新创业氛围不足。调查数据显示,26.48%的大学生表示现有实践平台创新创业氛围不足,可见实践平台氛围与学生期望还存在一定差距,不能满足大学生对于创新创业氛围的需求。没有良好的创新创业氛围,就无法充分激活大学生的创新创业活力,进而会降低大学生创新创业实践活动的效果。

其次,实践平台形式单一。调查数据显示,25.26%的大学生表示,现有实践平台形式单一,这表明目前高校的实践平台体系尚不够完善,难以满足大学生多样性的需求。当实践平台不能满足大学生的多样性需求时,其作用仅限于吸引少部分具有明确创业意愿的大学生,不能激发多数大学生的创新思维与创业实践,创新创业教育就不能算成功。

最后,实践平台无法与专业知识融合。调查数据显示,21.77%的大学生表示,现有的实践平台无法与专业知识融合,表明高校实践平台仍需要在内容上进一步加强针对性与实效性。实践平台内容与大学生专业知识脱节,直接导致大学生难以学以致用,创新创业的实践难度会进一步加大。

## 8.2.2 实践课程形式单一

创新创业实践课程是大学生提升创新创业技能的重要途径，能够帮助大学生在实践过程中认识并提高自身的创新创业素质，塑造并端正大学生的创业观，对于大学生开展创业活动具有重要的作用。从调查数据来看，目前各高校的创新创业实践课程往往把理论课程与实践课程混淆，通过课堂理论传授替代实践课程，导致大学生缺乏实践机会。调查数据显示，45.49%的大学生表示，希望可以通过实地参观或训练的形式开展创新创业课程，只有14.13%的大学生表示喜欢以课堂讲授的形式开展创新创业课程。由此可见，高校现有的实践课程形式与大学生的期望仍存在差距。缺乏创新创业实践，大学生就难以将创新创业理论知识与实践技能充分结合，进而降低了大学生的创业成功率。

## 8.2.3 创新创业师资队伍结构不平衡

创新创业教师是创新创业教育的核心因素。创新创业教师在启发大学生创新思维、指导开展创业实践方面发挥着重要作用，师资队伍的整体水平是创新创业实践教育发展的关键。从调查数据来看，高校创新创业师资队伍结构不合理，无法充分满足大学生的需求。以被调查高校为例，对于高校创新创业师资构成的调查结果显示，大学生通过创新创业教育课程所接触到的老师中，本校专业课教师占比达42.94%，27.62%为专业课教师兼职讲授创新创业课程，18.15%为专职的创新创业教师，外聘导师仅占11.29%。而大学生期望的创新创业师资队伍的调查结果显示，大学生最期望得到高校外聘的成功创业者（27.47%）、企业管理专家（16.79%）和风险投资人（12.79%）对创新创业实践做出的指导。两项数据对比后不难发现，现有的创新创业师资和大学生的期望形成了较为明显的反差。在创新创业实践中，大学生需要和期望的是具有创业经历、企业管理经验的教师指导，这种需求也表明大学生越来越注重社会中的创新创业实践。

## 8.3　校企合作建设创新创业实践体系的可行性

高校创新创业实践体系的缺陷导致大学生的"双创能力"不达标，缺乏企业需要的实践能力，使得课堂传授的理论知识难以落地，经常出现"眼高手低"的窘境。为了弥补高校创新创业实践体系的不足，提高大学生的创新创业实践能力，满足社会对于创新人才的需求，校企合作成了必不可少的话题。校企合作是大学生实现创新创业实践能力提升的重要保障，企业所提供的实践平台可以使课堂理论与实践活动相对接，对于大学生"双创能力"的培养具有不可替代的作用。

### 8.3.1　企业参与高校创新创业建设可以实现多方共赢

国家实现经济创新转型的重要前提就是企业的产业创新升级，企业要实现创新升级就离不开创新型人才，而高校创新创业教育的重要目的就是培育创新人才。校企合作可实现多方共赢：首先，企业可以通过提供实习平台、项目实践等方式帮助高校解决实践平台建设不足的问题。调查表明，超过80%的企业愿意通过提供实习岗位、共建实践平台和担任创业导师的方式支持高校的创新创业教育（王长恒，2013）。其次，校企合作可以满足大学生实践需求，有效提高大学生的创新创业实践能力。最后，高校和企业在合作过程中可以建立更加紧密的关系。高校在人才储备与技术攻关方面给予企业更大的支持力度，使企业在竞争中获得更多的创新优势。因此，校企合作是对双方资源的优化整合，可以实现高校、企业和学生的多方共赢。

### 8.3.2 高校创新创业教育的内在需要

通过调查可以发现，要满足大学生的创新创业实践需求，高校创新创业教育需要具备高度的实践性。而高校限于自身封闭属性，在实践方面存在先天的不足，难以为大学生提供丰富的实践平台与充足的实践机会。实践应用能力是利用理论知识解决实际问题的能力，而创新创业能力根植于实践（刘颖琦、李苏秀和宋泽源，2018）。只有通过实践，大学生才能将在课堂上学到的理论知识融会贯通，成为真正具有创新创业能力的个体。通过与企业进行充分的合作，高校可以为大学生提供更充足的实践机会和更开放的实践平台，不仅可以满足现有大学生的实践需求，还可以让大学生得到更全面的锻炼。校企合作可以帮助高校的创新创业教育从理论走向实践，从封闭的教育模式转变为更开放的教育模式。

## 8.4 校企合作模式下创新创业实践体系的内容

创新能力和创业精神是高校创新创业实践教学体系的培养重点（甘海燕，2018），高校应当通过产研合作、共建平台等方式，深化与企业的合作，在实践平台上实现资源整合与项目共享，增加高校与企业的良性互动。同时,高校可以通过引入企业导师的方式,丰富高校创新创业师资队伍,共同建设创新创业教育实践体系。

根据大学生需求的调查结果,初步构建了校企合作的创新创业实践体系,具体如图 8-1 所示。

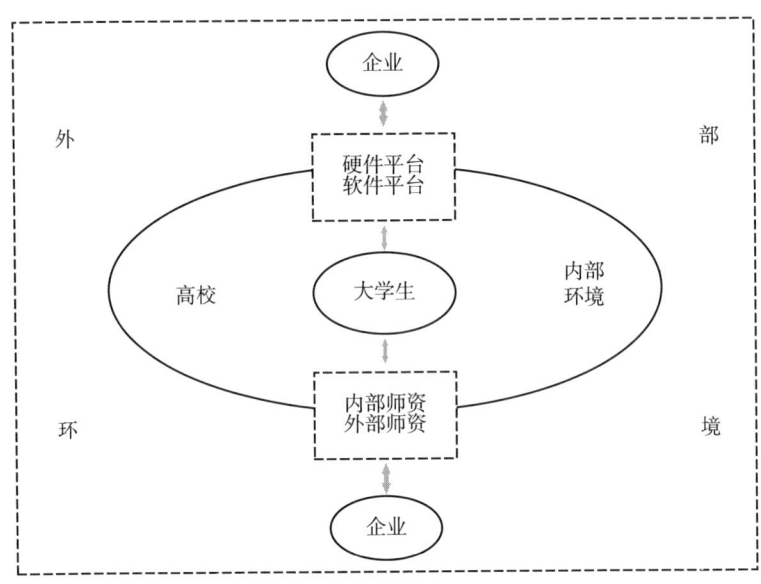

图 8-1 校企合作的创新创业实践体系

## 8.4.1 建立"软硬兼施"的实践平台

"纸上得来终觉浅,绝知此事要躬行",实践性是创新创业教育的一个重要特点。高校的创新创业实践教育绝不能单单只是理论教学,而是应该为大学生提供丰富的实践平台(软件平台和硬件平台),让大学生在实践中激活自身的创新创业兴趣,认识并提高自身创业素质,将理论知识与实践结合起来。因此,实践平台建设的主旨应是为大学生创新创业实践提供场地、设备、技术指导和资金

## 第8章　校企合作模式下高校创新创业实践体系设计

等全方位的支持。

硬件平台是指高校借助自身的实验设备、实验楼等硬件措施，将大学生的创新创业想法转化为实践的平台，涵盖但不限于创新创业学院、创新创业孵化基地与创新创业园区等。硬件平台是高校开展大学生创新创业实践平台建设的重要前提，高校应该在充分利用现有资源的基础上，积极与企业开展产学研合作，推进校企共建各类专业实验室与实践基地。同时，借助校企共建实践平台的机会，高校应当建立合理的科技转让制度，将科技成果产业化，这不仅可以提高高校教师的投入度，还可以提高合作企业的积极性。

软件平台是指大学生自发或者高校院系自发组织，以聚集志于创新创业、碰撞创新想法和锻炼实践能力为目的的大学生组织。软件平台是高校开展大学生创新创业实践平台建设的活跃基础。目前，高校往往都有各式各样的创业社团，但在管理上还存在一些问题，导致社团缺乏创新创业气氛，社团形式枯燥单一，难以激发大学生的创新创业兴趣。在创业类社团的管理中，高校应当摒弃传统社团的管理方法，采用"企业化、市场化"的先进理念，将创业社团视作独立的企业。社团成员作为员工通过付出时间和精力获取实践锻炼和人际财富，并鼓励社团通过各种方式从学校有关部门或者企业赞助中获得创业资源，在社团活动中充分激发大学生的创新创业思维。

所有的实践平台，应当向全体大学生开放。要结合大学生的学习特点，构建人员管理、项目管理、团队管理以及安全管理在内的管理制度，在鼓励大学生学以致用、积极参与的前提下，全方位地提高大学生的创新创业能力。

## 8.4.2 构建"内外兼修"的创新创业氛围

创新性人才培养具有不确定性和多样性，不能被限制在预设的固定培养模式下。因此，相对于一成不变的固定流程，自由、宽松和富有激情的科学氛围更加有利于激发大学生的创造热情与潜能。良好的创新创业环境，有助于激发大学生的创新思维，培养大学生的创业意识，进而引导大学生的创新创业活动。由此可见，环境对于创新创业人才的培养至关重要，是否能营造良好的创新创业氛围在很大程度上影响着高校创新创业教育的成败。

从内部环境来说，高校环境是与大学生联系最紧密的环境，高校应当采取多种办法为学生营造良好的创新创业氛围，激励大学生创新创业，提高其创新创业能力。高校通过与企业的合作，可以更多地举办和组织创新创业讲座，邀请外界优秀的创业者、企业家和企业管理人员为大学生传授实践经验，开拓大学生的创新创业视野。同时，高校还可以通过宣传毕业生中优秀创业者的典型事迹，为大学生树立学习榜样，通过宣传引导，将创业者的激情与拼搏精神传递给大学生，营造积极的创新创业校内环境。

从外部环境来说，政府应该加大对大学生创业的重视程度，为大学生提供更全面的创业保障制度、政策和资金支持，为大学生创业营造一个宽松的社会环境。同时，通过正确的舆论宣传让社会了解创新创业，让大学生了解和熟知创业优惠政策，树立自主创业的信心，营造积极的创新创业社会环境。

## 8.4.3 建设"知行合一"的师资队伍

师资问题一直都是高校创新创业教育发展的核心问题。高校自身的创新创业教师培养方法难以满足增长迅速的创新创业教育需

## 第8章　校企合作模式下高校创新创业实践体系设计

求，导致高校现有创新创业师资力量薄弱，师资结构失衡。然而，高校教师培养和师资队伍的建设是一个长期的过程，不能一蹴而就。因此，为了有效满足当前创新创业教育对于师资力量的需求，高校在改良现有培养创新创业师资机制的基础上，要继续扩大与企业的合作，有条件地引入企业家、企业管理者等为高校的创新创业实践课程做出指导。

从高校自身的师资队伍建设来说，高校应明确创新创业教师的选拔标准和培养目标，建设一支具有强烈创新意识、深厚创业理论基础、丰富社会实践工作经验和积极对外合作心态的师资队伍（王丽燕和王建萍，2019）。在此标准下，首先，高校应该结合自身情况建立一套统一的培训机制，选拔培训可以由局部扩大到整体，不局限于经管类教师。其次，高校应当设立教师培训课程和竞赛活动等，充分调动教师参与创新创业教育的积极性。最后，明确创新创业实践教育的目的不仅仅是加强教师对创新创业理论学习，更是要丰富教师的社会实践经验，促使教师的理论教学进一步与实际相结合，改善重理论轻实践的现状。

从校企合作方面来说，首先，高校引入企业导师时应当适度放宽企业导师的创新创业理论标准，注重企业导师的实践经历。其次，在创新创业实践课程中，要善于挖掘企业导师的资源，上课形式不局限于校内，在条件允许的情况下可以到企业进行参观，实践课程的内容可以结合企业导师自身的资源进行多样化设计。最后，对于创业意愿强烈的大学生，高校要鼓励其与企业导师建立更密切的联系，形成高校、企业和学生之间的良性互动。

# 第 9 章　基于消费者导向的创新创业教育评价体系设计

基于消费者导向评价模式理论，本章从学生视角出发确定了创新创业教育评价的指标要素，并采用柯氏模型的基本框架，构建了高校创新创业教育评价体系。本章的主要结论包括：第一，消费者导向评价模式理论作为创新创业教育评价体系构建的理论支撑是适合的，基于柯氏模型的基本框架来构建创新创业教育评价体系具有科学性和全面性。第二，从反应层、学习层、行为层和结果层四个层面出发，高校创新创业教育评价指标体系由 4 项一级指标、9 项二级指标和 22 项三级指标构成。

创新创业教育；消费者导向评价模式理论；评价体系；柯氏模型

## 第9章 基于消费者导向的创新创业教育评价体系设计

近年来,伴随着"大众创业,万众创新"的时代号角在神州大地吹响,丰富多样的创新创业活动纷至沓来,创新创业的理念也逐渐深入人心。作为促进经济提质增效的迫切需要,国家将创新驱动发展提升到战略高度,并在党的十九大报告中明确提出:"要激发和保护企业家精神,鼓励更多社会主体投身创新创业,加快建设创新型国家。"这一宏伟目标的实现,在很大程度上取决于创新创业人才的数量和质量。作为创新创业人才培养的主要阵地,高等教育学校应当肩负起创新创业教育改革的重任(姜慧、殷惠光和徐孝昶,2015)。作为衡量改革成效的重要方式,创新创业教育评价体系的建立对于强化管理过程和提高教育质量意义重大。然而,遗憾的是,目前对于创新创业教育质量的评价仍缺乏较为合理的标准。因此,如何构建科学合理的高校创新创业教育评价体系是目前亟待解决的重要问题。

## 9.1 创新创业教育评价的研究回顾与评析

### 9.1.1 研究回顾

美国哈佛大学于1945年首创性地开展创业教育,随后各大高校争相开展,创业教育发展势头迅猛(孟祥霞和黄文军,2012)。为检验创业教育成果进而改进教育模式,美国的相关媒体杂志开始对创业教育质量进行调查和评价。历时近半个世纪,美国已经形成了稳定且独具特色的创业教育模式以及完善的创业教育评价体系。而我国的创新创业教育起步较晚,对创新创业教育的质量评价研究仍处于探索时期,现有研究成果可以从以下两个阶段进行回顾。

早期研究阶段，国内创新创业教育评价以理论研究为主，内容主要包括：创新创业教育评价的设计原则、影响因素和体系构建等。在设计原则方面，郭必裕（2003）认为要以主体性、创新性、先进性、实践性等原则来建立高校创新创业教育评价体系。在影响因素分析方面，李国平等（2004）综合分析了创新创业教育影响因素，并提出模糊综合评价方法，对创新创业教育进行定量分析。在体系构建方面，秦敬民（2010）采用 QFD 理论，以山东省某高校为研究对象使用 DEA – AHP – FAHP 评价模型进行分析。

2010 年以来，国内对创新创业教育评价的研究取得了一定的进步和发展，内容主要集中在评价方法、评价模型和评价主体三个方面。在评价方法选择方面，罗培和沈超红（2012）采用纵向实验研究方法对创新创业教育进行评价，并提出创新创业教育评价的结果主要受到研究方法的影响。在评价模型应用方面，葛莉（2014）将 CIPP 教育评价模型引入高校创新创业能力评价，剖析与 CIPP 模型相匹配的创新创业能力要素，建立基于 CIPP 模型的高校创新创业能力评价体系。在评价主体选取方面，李兵（2015）认为创新创业教育评价应从政府、学校、学生、社会等四个方面展开，并基于此构建了高职院校"四位一体"创新创业教育评价体系。

## 9.1.2 研究评析

虽然关于高校创新创业教育评价的研究已经取得了一定的成果，但关于评价体系的设计仍存在如下两个方面的问题：一方面，部分评价体系的构建缺乏足够的理论支撑，过度依赖于数据和评价方法。创新创业教育评价体系的设计主要通过以下四个步骤实现，首先确定评价指标，其次收集数据，再次依靠评价方法将指标降维，最后形成指标体系。在这种情况下，指标体系的确定与数据和方法

## 第9章　基于消费者导向的创新创业教育评价体系设计

直接相关，因此数据的波动和方法的选择很大程度上增加了评价体系的不确定性。另一方面，部分评价体系的构建往往关注效益类的评价指标，忽视了从学生视角来审视创新创业教育水平。这部分评价指标体系多从创业项目创造的经济效益、创业率、创新创业竞赛得奖率、创业成功率等指标来衡量学校的创新创业教育水平，却忽视学生在接受创新创业教育之后的满意程度、成长程度和行为改变程度。王占仁（2016）针对该现象曾建议，评价体系的研究者和实施者应将关注点更多地放在创新创业教育对个人效能的影响上，而非创新创业教育创造了多少经济财富。

大学生是高校创新创业教育的主要对象，更是未来建设创新型国家的重要人才，因此学生对创新创业教育的看法和建议将是改进与完善创新创业教育的重要切入点。如果说高校是创新创业教育的"供应商"，那么学生无疑是创新创业教育最重要的"消费者"。如何研发或者改进能够满足消费者需求的"商品"以创造更大的价值是目前创新创业教育评价研究必须关注的问题。而目前创新创业教育评价领域鲜有从学生视角出发进行的相关研究，基于此，本章拟以消费者导向评价模式理论为支撑，从学生视角出发确定创新创业教育评价的指标要素。与此同时，创新创业教育的重要目标在于培养学生的创新思维和创业能力，目标的达成度不应该仅从学习的满意程度来评价，更应该从知识的掌握程度，行为的改变程度和效益的提高程度等多个维度衡量。而目前创新创业教育评价领域的研究大多注重学生总体数量和比率等结果类指标要素，对于学生学习、掌握和运用创新创业知识与技能的程度方面关注较少，基于此，本章拟以柯氏四级评估模型为基本框架，构建客观、科学、全面的创新创业教育评价体系。

## 9.2 理论适用性与设计思路

### 9.2.1 消费者导向评价模式理论

消费者导向评价模式理论（consumer-oriented evaluation approach）产生于 20 世纪 60 年代美国的课程改革运动。这一理论的产生和发展在丰富教育评价理论与方法的同时，也在很大程度上提高了课程方案与教学资料的编制水准。该理论认为，评价不仅要发挥总结性作用，更应重视形成性作用，它是对事物的优缺点和价值的系统评估，评价者必须从消费者需要的观点来确认教育工具的真正成果及其价值（朱捷，2009）。

消费者导向评价模式实质上是"以需要为基础的评价"和"以顾客为基础的评价"（魏凤旗，2017）。所以，高校创新创业教育评价标准的制定不应仅由管理机构和教育行政部门负责，教育的"消费者（大学生）"也应参与该评价标准的制定过程，而且教育的"消费者"应是该评价标准制定的主体，这样才能够充分体现出教育"以学生为本"的宗旨。而创新创业教育的"供应商"如果能自觉参照"消费者"导向评价模式的价值标准和行为准则，不断检讨教学及管理过程中存在的问题，并进一步改进和完善学校的创新创业教育，将产生更大的效益。从这一角度看，本章选用消费者导向评价模式理论作为评价体系构建的理论支撑是适合的。

## 9.2.2 柯氏评估模型

柯克帕特里克层次模型,简称柯氏模型,由美国学者柯克帕特里克(Kirkpatrick)于1959年首次提出。作为培训领域应用最广和认同度最高的培训评估工具之一,柯氏模型在实践中不断发展以适应时代的要求,并在全球范围内广泛应用。柯克帕特里克(1996)以受训者作为研究对象,从评估的深度和难度两个方面将培训效果评估分为四个递进层次,即反应层、学习层、行为层和结果层,如表9-1所示。

表9-1 柯氏评估模型四个层次

| 评估层次 | 评估核心 | 评估目的 | 评估方法 |
| --- | --- | --- | --- |
| 反应层 | 学习满意程度 | 考察受训学员对培训的反应 | 访谈法、调查问卷法 |
| 学习层 | 知识掌握程度 | 考察受训学员的学习效果 | 案例分析法、笔试测试法 |
| 行为层 | 本领运用程度 | 考察培训前后学员的行为变化 | 访谈法、观察法 |
| 结果层 | 效益提高程度 | 衡量受训后组织的业绩变化 | 成本—效益分析法、市场调查法 |

柯氏模型分别从个体和组织角度进行评估,前三个层级从受训学员个体角度展开评估,第四层级从受训学员组织角度展开评估,从个体到组织,全面评估培训对个体价值以及组织效益的提升程度。因此,该模型不仅关注学生对当期学习后的即刻满意程度,更加关注知识掌握程度、本领运用程度和效益提高程度等多个方面。从这一角度看,本章基于柯氏模型的基本框架来构建创新创业教育评价体系是科学且全面的。

### 9.2.3 设计思路

基于消费者导向评价模式理论视角，构建高校创新创业教育评价体系主要通过以下方式：首先，采用文献研究方法，回顾创新创业教育评价领域的学术研究成果，学习构建指标体系的基本思路，作为提取指标要素的初始依据。其次，采用案例分析方法，通过媒体报道的大学生创新创业案例和实地调研撰写的大学生创新创业案例，进一步补充完善指标要素。再次，采用行为事件访谈的方法，对部分高校学生代表进行访谈，对前两步获得的指标要素做进一步验证与补充，形成高校创新创业教育评价指标词典。最后，基于柯氏评估模型，综合考虑模型四个层次的内涵和特征，将指标词典中的指标嵌入模型，围绕体系构建的理论基础——消费者导向评价模式理论，反复修改完善指标体系，最终得到高校创新创业教育评价指标体系。

## 9.3 创新创业教育评价指标要素的提取

### 9.3.1 基于文献研究的评价指标要素提取

基于文献研究的指标要素提取工作分两步完成。第一步，检索、筛选并确定参考价值较大的文献。笔者以"创新""创业""教育评价""评价体系""指标体系""innovation and entrepreneurship""educational evaluation"等为关键词在中英文数据库中进行精确匹配检索，检索得到50篇相关度较高的文献。综合考虑文献引用率、发表时间、期刊影响因子以及是否拥有明确的评价指标等因素，最后确

# 第9章 基于消费者导向的创新创业教育评价体系设计

定借鉴意义较大的文献34篇。第二步,提取文献中出现频率较高的评价指标要素。梳理以往文献的指标体系,提取并罗列评价指标要素,得到200余项评价指标(含交叉重复项)。将评价指标按语义归为24类(如将"孵化基地"与"科技园"等归类为"基础设施"),计算各类指标出现的频率,并绘制频率分布图,如图9-1所示。

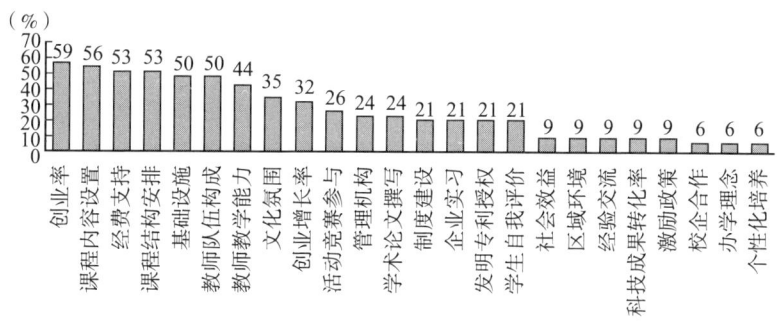

**图9-1 评价指标要素出现频率的分布情况**

由图9-1不难看出,从"社会效益"指标开始,后面8项指标的出现频率明显低于前16项评价指标,因此暂不做考虑。前16项评价指标在34篇文献中的出现频率均在20%以上,由于这些文献中评价指标体系设计的原则和视角各有不同,具有很强的独特性,故这16项指标能同时出现比较不易,因此选择此16项指标为指标要素提出的初步依据,汇总结果如表9-2所示。

表9-2  基于文献研究的指标要素选取

| 序号 | 指标要素名称 | 出现频率(%) | 序号 | 指标要素名称 | 出现频率(%) |
|---|---|---|---|---|---|
| 1 | 创业率 | 59 | 3 | 经费支持 | 53 |
| 2 | 课程内容设置 | 56 | 4 | 课程结构安排 | 53 |

续表

| 序号 | 指标要素名称 | 出现频率（%） | 序号 | 指标要素名称 | 出现频率（%） |
|---|---|---|---|---|---|
| 5 | 基础设施 | 50 | 11 | 管理机构 | 24 |
| 6 | 教师队伍构成 | 50 | 12 | 学术论文撰写 | 24 |
| 7 | 教师教学能力 | 44 | 13 | 制度建设 | 21 |
| 8 | 文化氛围 | 35 | 14 | 企业实习 | 21 |
| 9 | 创业增长率 | 32 | 15 | 发明专利授权 | 21 |
| 10 | 活动竞赛参与 | 26 | 16 | 学生自我评价 | 21 |

## 9.3.2 基于案例分析的评价指标要素提取

在文献研究的基础上，为进一步确认初始指标要素是否密切联系现实，并对指标词典进行补充和完善，采用案例分析方法，通过对媒体报道的高校大学生创新创业案例和实地调研撰写的大学生创新创业案例进行分析与编码，进一步获得评价指标要素。

### 9.3.2.1 案例的选择与收集

本部分是为了从学生参与创新创业活动的案例中提取评价创新创业教育质量的指标要素，因此案例的选择应该满足以下要求：首先，案例描述的主人公应是学生群体。其次，案例必须包含创新创业教育的要素。最后，案例应体现学生对创新创业教育的主观态度和看法。按照以上要求，本章以全面收集资料、多方渠道来源为宗旨，从百度官网、创业故事网等知名媒体网站以及《光明日报》《中国青年报》等纸质报刊杂志中，分别以"创业""创新创业""大学生创业""创新创业教育"等作为关键字进行搜索，最终选择2015～2018年发表的阅读量较高且与研究相关度较高的15篇文章，包括7篇描述性创业案例和8篇媒体新闻报道。在此基础上，笔者

# 第9章 基于消费者导向的创新创业教育评价体系设计

还深入自己在所高校的创新创业基地,实地调研13家学生创业企业和创始人,撰写创新创业案例13篇。综上,将28篇案例进行编号,部分信息如表9-3所示。

表 9-3　　　　　　　部分创新创业案例的基本信息

| 编号 | 来源 | 案例题目 | 发表或撰写时间 |
|---|---|---|---|
| 2 | 创业故事网 | 国泰安创业学院大二学生创业仅1年,公司估值已过百万 | 2018年1月19日 |
| 3 | 创业故事网 | 三个大学生创业开公司定位打造适合校园产品 | 2015年4月17日 |
| 5 | 创业故事网 | 石家庄90后大学生创业1000元起家4年赚40万 | 2017年7月7日 |
| 6 | 光明日报 | 东北大学秦皇岛分校全方位构建创新创业教育体系 | 2017年8月28日 |
| 8 | 光明日报 | 陕西科技大学:创新人才培养机制,提高学生创新能力 | 2017年7月6日 |
| 12 | 中国青年报 | 刘恒:从"兼职王"到高校里的"数码管家" | 2018年1月30日 |
| 13 | 中国青年报 | 三名大学生"老板"的创业故事:资金短缺成最大瓶颈 | 2018年1月29日 |
| 16 | 创新创业基地 | 奥思文化传媒有限公司 | 2017年9月 |
| 18 | 创新创业基地 | 嗨拾光VR工作室 | 2017年11月 |
| 20 | 创新创业基地 | 沃克服饰有限公司 | 2018年1月 |

## 9.3.2.2 关键词和短语的筛选

将28篇案例进行汇总,把文章中所提及的事例和内容编码成相对应的条目,共计67条。关键词和短语的筛选工作由研究小组2名成员分别独立完成,随后进行核对。筛选过程主要分为以下三步。第一步,由研究小组的 2 名成员分别对 67 个条目编码,从每个条目中提取关键词或短语。对于出现频率较小的关键词,将其融入意思相近的其他关键词中,如将创新创业的"课程多样性"融入"课程内容设置"中。相对应的,如果某条目含有多个关键词,可以考虑从中提取多个关键词,如从"培养学生的创新通用技能和专业能力"中提取"创业通用技能"和"创业专业技能"。第二步,由以上 2 名研究小组成员对存在差异的编码条目进行充分讨论,争取消除差异,达成共识。第三步,为进一步避免分析时的主观性和个人偏见,保证筛选结果的全面性和客观性,再由另外 1 名研究小组成员对编码进行二次分析和检验。最终,由案例分析得到的评价指标要素如表 9-4 所示。

表 9-4　　　　　　　　基于案例分析的指标选取

| 序号 | 指标要素名称 | 指标要素来源文章编号 |
| --- | --- | --- |
| 1 | 经费支持 | 3, 6, 7, 9, 12, 13, 14, 15, 21, 23, 24 |
| 2 | 活动竞赛参与 | 4, 5, 8, 10, 19, 20, 22, 23 |
| 3 | 基础设施 | 4, 7, 9, 11, 15, 21, 24 |
| 4 | 创业专业能力 | 1, 5, 16, 17, 22 |
| 5 | 课程内容设置 | 4, 9, 11, 15, 25 |
| 6 | 创新思维能力 | 9, 18, 25, 26 |
| 7 | 文化氛围 | 2, 6, 15, 20 |
| 8 | 企业实习 | 4, 5, 8, 20 |
| 9 | 教师教学能力 | 2, 5, 18 |
| 10 | 发明专利申请 | 9, 14, 25 |
| 11 | 创新学习能力 | 9, 18, 25 |
| 12 | 校友支持 | 18, 21, 23 |

第9章 基于消费者导向的创新创业教育评价体系设计

对比表9-4和表9-2的指标要素发现，绝大部分指标要素较为一致，但也存在不一致的情况。例如，表9-2中出现频率较高的"创业率""创业增长率"等指标在本部分的案例中几乎未被提及。表9-4中包含的"创业专业能力""创新思维能力"等指标在文献研究中也不易找到。笔者认为，出现指标要素不一致的情况是情理之中的，因为前者基于文献的研究是以往学者对于高校创新创业教育水平的综合性评价，所涉及的评价指标不只包含关于学生个体的学习课程、参与实践活动、参与竞赛等指标，更多的则是与关于学生群体的创业率、创新创业活动竞赛获奖率等衡量高校创新创业教育综合水平的比例型、数量型指标；而后者搜集的创业真实案例和媒体新闻报道的撰写角度是学生个体，因而得到的指标更倾向于表达学生个体对创新创业教育以及创业的态度和看法。基于此，笔者将上述获得的指标要素均进行保留。

## 9.3.3 基于行为事件访谈的评价指标要素提取

经过以上两个步骤，已经初步获得了高校创新创业教育评价的指标要素。由于本章所构建评价指标体系的理论基础是消费者导向评价模式理论，所以为验证目前获得的指标要素是否贴近创新创业教育"消费者（大学生）"的实际，是否能够较好地从学生角度来对高校的创新创业教育进行评价，笔者拟定了访谈提纲，深入到高校学生群体中进行行为事件访谈。首先，选取吉林大学、哈尔滨工业大学、东北大学、沈阳航空航天大学、沈阳工业大学、大连理工大学、东北财经大学和大连海事大学8所大学中接受过创新创业教育的24名本科生作为访谈对象，针对该学生所在高校创新创业教育的开展情况，进行详细访谈。访谈的主要问题包括列举其在接受创新创业教育时以及接受教育后发生的有关创新创业的印象深刻的事件，详细描述事件的背景环境、事件中有关创新创业的要素、在事件过程中采取了哪些行为、事件的结果如何等。其次，对访谈内容进行整理，形成文稿，将收集的关键行为事件进行归类与编码，提取出关键事件中体现出的创新创业要素，并对其进行命名。

在行为事件访谈中，9.3.1 节和 9.3.2 节获得的大部分指标要素均获得了验证，这在一定程度上肯定了前两步工作的价值。根据行为事件访谈的结果对现有指标要素集合做如下操作：

首先，增加"社会实践"与"创业综合能力"2 项指标。在访谈中，多数大学生表示自己曾在参与社会实践活动过程中锻炼到创新能力、学习能力、语言表达能力与活动规划能力等。可见，社会实践是学生们接触创新创业理念以及强化创新创业知识与技能的有效途径。同时，接受访谈的大学生也普遍表示身边正在创业的同学大部分都具备良好的综合素质，如沟通能力、组织领导能力、高效学习能力等。因此，学生们认为拥有创业综合能力是大学生成功创业的重要条件。虽然以上 2 项指标在 9.3.1 节和 9.3.2 节中未被提及，但是得到了受访学生的广泛认同，考虑到本章构建评价体系应从学生视角出发，故在最终指标词典中增加"社会实践"与"创业综合能力"2 项指标。

其次，剔除"管理机构""制度建设"与"校友支持"3 项指标。在访谈中，笔者了解到多数大学生并不关心学校的创新创业教育由哪个管理机构负责开展，也几乎不了解学校在创新创业方面出台的制度和政策。究其原因，笔者认为可能是大部分学生只关注与自己课程学习相关度较高的活动，而缺乏对学校管理机构和制度建设的关注。对于"校友支持"指标，受访的大学生几乎无人提及，笔者认为原因可能是高校杰出的校友本占少数，能够支持母校创新创业项目的更是少之又少，因而学生们几乎无法感知到校友的帮助

## 第9章 基于消费者导向的创新创业教育评价体系设计

也在情理之中。对于以上3项学生感知程度较弱的评价指标，学生无法做出真实客观的评价，故剔除"管理机构""制度建设"与"校友支持"3项指标。

最后，将"学生自我评价"指标修改为"创业自我效能"指标。在访谈中，当大学生被问及为何没有创业时，他们大多表示担心自己目前的能力不足以支撑自己成功创业。而自我效能的含义正是"人们对自身能否利用所拥有的技能去完成某项工作行为的自信程度"（Brown，2002）。因而选用"创业自我效能"指标替代"学生自我评价"指标（Krueger，1993），评价学生自身参与创新创业活动的能力水平和自信程度。

综合上述过程，获得了高校创新创业教育评价指标词典如表9-5所示。

表9-5　　　　　　　高校创新创业教育评价指标词典

| 序号 | 指标名称 | 序号 | 指标名称 |
| --- | --- | --- | --- |
| 1 | 创业率 | 12 | 学术论文撰写 |
| 2 | 课程内容设置 | 13 | 企业实习 |
| 3 | 经费支持 | 14 | 发明专利申请 |
| 4 | 课程结构安排 | 15 | 创业自我效能 |
| 5 | 社会实践 | 16 | 创业综合能力 |
| 6 | 基础设施 | 17 | 创业专业能力 |
| 7 | 教师队伍构成 | 18 | 创新思维能力 |
| 8 | 教师教学能力 | 19 | 创新学习能力 |
| 9 | 文化氛围 | 20 | 竞赛获奖次数 |
| 10 | 创业增长率 | 21 | 论文发表数量 |
| 11 | 活动竞赛参与 | 22 | 专利授权数量 |

注：序号11、12、14对应的评价指标是对学生个体情况进行评价，而序号20、21、22对应的评价指标是对学生总体情况进行评价。

## 9.4 创新创业教育评价体系的构建

依据柯氏评估模型四个层级的内涵和特点,本部分拟将高校创新创业教育评价指标词典中的22项评价指标依次嵌入模型中,最终得到基于柯氏模型的高校创新创业教育评价体系。

### 9.4.1 反应层的指标体系

柯氏模型的反应层旨在测量学生在接受创新创业教育后的满意程度,考察的内容主要包含创新创业教育的内容、方案、时间安排和基础设施条件等。柯克帕特里克把受训者对培训过程的真实感受和内心体验作为反应层的核心考察点。反应层的评估可以预测创新创业教育的效果,并且评估结果可以为以后完善教育方式的评估以及改进创新创业教育的进程提供综合的参考价值。对满意度的评估应充分考虑培训方和受训方两个方面,因而此层面评价的对象应为高校和学生个体。针对高校的满意度评价,结合指标词典中的指标,可以从课程、教师、教学环境等与学生休戚相关的方面展开评价。"课程内容设置"测量创新创业的课程内容是否能够满足学生需要,"课程结构安排"测量创新创业课程的结构安排是否合理。由于上述两项指标都是对创新创业课程的满意度进行测量,故为其拟定二级指标为"课程体系"。"教师队伍构成"测量学生对创新创业教师的人员安排的满意程度,"教师教学能力"测量学生对创新创业教师的教学水平是否满意。由于上述两项指标都是对创新创业教师的满意程度进行测量,故为其拟定二级指标为"师资队伍"。"经费支持"测量学生对高校在创新创业教育方面的经费投入是否

第9章 基于消费者导向的创新创业教育评价体系设计

满意,"基础设施"测量学生对高校开展创新创业教育必要的基础设施场所是否满意,"文化氛围"测量学生对学校在营造创新创业文化环境方面的满意程度。"基础设施"和"经费支持"都是高校开展创新创业教育的硬环境,"文化氛围"是高校开展创新创业教育的软环境,故为其拟定二级指标"环境建设"。针对学生个体的满意度评价,结合指标词典中的指标,选用"创业自我效能"指标测量学生对自己有能力参与创新创业活动的自信程度,并为其拟定二级指标为"学生自身"。

### 9.4.2 学习层的指标体系

柯氏模型的学习层旨在测量学生在接受创新创业教育后对知识和技能的掌握程度。所谓的对知识和技能获得度的测量就是评估受教育者在经历整个创新创业教育过程后对所学的知识、原理、技能的掌握程度以及对所学的技能水平的提高程度。柯克帕特里克认为对学习层的评估是培训效果评估里最主要的组成部分,倘若没有知识的获得与技能的学习,很难保证接下来的层面会有所改善。此层面评价的对象是学生个体,结合指标词典中有关知识与技能的评价指标对此层面展开设计。"创新思维能力"测量学生是否掌握分析问题时运用发散思维、拥有独特视角的能力,"创新学习能力"测量学生是否掌握在接触新领域知识时采用创新学习方法的能力。由于上述两项指标都是对学生创新能力的测量,故为其拟定二级指标为"创新能力"。"创业综合能力"测量学生是否掌握对创业有帮助的通用能力(例如,语言表达能力、社会交际能力等),"创业专业能力"测量学生是否掌握与创业相关的专业能力(例如,财务分析能力、业务经营能力等)。由于上述两项指标都是对学生创业能力的测量,故为其拟定二级指标为"创业能力"。

### 9.4.3　行为层的指标体系

柯氏模型的行为层旨在测量学生在接受创新创业教育后对知识和技能的运用程度。此层主要考查受教育学生在接受创新创业教育后的一段时间内将所学到的创新创业本领有效转化的程度。柯克帕特里克认为此层面应重点考查受训人员在思维方式、知识、态度等方面的改变程度。作为衡量整个创新创业教育过程有效性高低最有价值的评估，行为层的评估也是创新创业教育对于学生个人增益有帮助的重要表现。此层面评价的对象仍是学生个体，结合指标词典中有关能力运用的评价指标对此层面展开设计。"学术论文撰写"测量学生是否运用发现问题、思考问题和解决问题的综合能力，"发明专利申请"测量学生是否运用观察能力、创造能力等综合能力。由于上述两项指标都是从理论层面测量学生能力的运用程度，故为其拟定二级指标为"理论运用"。"活动竞赛参与"测量学生是否运用已学的知识参与创新创业类活动与竞赛，"企业实习"测量学生是否在参与企业实习过程中运用在校学到的实用技能，"社会实践"测量学生学到的知识与技能在社会实践活动中是否有所体现。由于上述三项指标都是从实践层面测量学生能力的运用程度，故为其拟定二级指标为"实践运用"。

### 9.4.4　结果层的指标体系

柯氏模型的结果层旨在测量学生群体在接受创新创业教育后的效益提升，选取的评价指标多为数量型和比例型指标。前三个层面主要是对学生个体的满意程度、掌握程度、运用程度进行测量和考查，而在结果层的评估则从学生个体的获得程度上升到学生群体的整体提高水平。此层面评价的对象是整个学生群体，结合指标词典

## 第9章 基于消费者导向的创新创业教育评价体系设计

中有关学生总体的评价指标对此层面展开设计。"竞赛获奖次数"测量一年内高校全体学生参与创新创业类竞赛并获得奖励的数量,"论文发表数量"测量一年内高校全体学生发表学术论文的数量,"专利授权数量"测量一年内高校学生申请并获得专利的数量,"创业率"测量一年内高校创业学生人数与总体学生人数比例,"创业增长率"测量一年内高校创业率相对上一年的增长程度。由于上述五项指标都是从组织层面测量学生总体在创新创业方面的成果,故为其拟定二级指标为"组织成果"。

综上,高校创新创业教育评价体系如表9-6所示。

表9-6　　基于柯氏模型的高校创新创业教育评价体系

| 一级指标 | 二级指标 | 三级指标 |
| --- | --- | --- |
| 反应层 | 课程体系 | 课程内容设置 |
| | | 课程结构安排 |
| | 师资队伍 | 教师教学能力 |
| | | 教师队伍构成 |
| | 环境建设 | 基础设施 |
| | | 经费支持 |
| | | 文化氛围 |
| | 学生自身 | 创业自我效能 |
| 学习层 | 创新能力 | 创新思维能力 |
| | | 创新学习能力 |
| | 创业能力 | 创业综合能力 |
| | | 创业专业能力 |
| 行为层 | 理论运用 | 学术论文撰写 |
| | | 发明专利申请 |

续表

| 一级指标 | 二级指标 | 三级指标 |
|---|---|---|
| 行为层 | 实践运用 | 活动竞赛参与 |
| | | 企业实习 |
| | | 社会实践 |
| 结果层 | 组织成果 | 竞赛获奖次数 |
| | | 论文发表数量 |
| | | 专利授权数量 |
| | | 创业率 |
| | | 创业增长率 |

本章基于两个经典理论构建的评价体系，整体结构和具体指标的设置比较合理，对创新创业教育评价实践具有一定的指导意义。同时，需要说明的是：第一，柯氏评估模型从反应层到结果层逐渐深入，评估的难度也逐渐加大，评价者可根据所在高校创新创业教育的具体实施情况，灵活选择评价进行到何种层次，这也是本章构建评价体系优越性的又一体现。第二，本章仅构建了基于学生视角的高校创新创业教育评价体系，但对于评价体系中各个指标的测量方法和具体应用并没有做出足够充分的说明，未来的研究可以在上述两方面继续开展研究工作。在运用模型进行评价的过程中，应配合评价方法进一步明确数据测量的具体方法和要求，根据实际情况恰当使用模型，以获取真实客观的评价结果。

# 参 考 文 献

[1] 白冰,方云. 渐进式创新力培养体系的架构设计与价值蕴涵 [J]. 学校党建与思想教育,2017 (2):52-53,59.

[2] 包水梅,杨冬. 美国高校创新创业教育发展的基本特征及其启示——以麻省理工学院、斯坦福大学、百森商学院为例 [J]. 高教探索,2016 (11):62-70.

[3] 伯顿·克拉克. 建立创业型大学:组织上转型的途径 [M]. 王承绪,译. 北京:人民教育出版社,2000:2-7.

[4] 蔡离离. 普通本科高校学生创新能力评价体系的构建及应用研究 [D]. 长沙:长沙理工大学,2013.

[5] 蔡翔,王文平,李远远. 三螺旋创新理论的主要贡献、待解决问题及对中国的启示 [J]. 技术经济与管理研究,2010 (1):26-29.

[6] 常进,陈逢文. 基于EPM模型的高校创业教育生态系统构建研究 [J]. 高教探索,2019 (11):118-123.

[7] 陈强胜. 基于胜任力提升的高校创业教育教师评价制度构建 [J]. 科技创业月刊,2018,31 (6):56-60.

[8] 陈雁,符崖,陈晔,等. 国外高校创业教育模式与中国高校创业教育的思考 [J]. 创新与创业教育,2015,6 (1):134-136.

[9] 邓汉慧. 美国的高校创业教育课程设置 [J]. 中国大学生就业,2008 (4):41-42.

[10] 董泽芳. 高校人才培养模式的概念界定与要素解析 [J]. 大学教育科学, 2012 (3): 30-36.

[11] 方卫华. 创新研究的三螺旋模型: 概念、结构和公共政策含义 [J]. 自然辩证法研究, 2003, 19 (11): 69-72.

[12] 冯弋江. "互联网+创新创业教育"背景下的高职院校教师胜任力提升策略研究 [J]. 九江职业技术学院学报, 2018 (2): 50-51, 58.

[13] 付亚和, 许玉林. 绩效管理 [M]. 上海: 复旦大学出版社, 2005: 33-47.

[14] 甘海燕. 浅谈高校大学生创新创业精神的有效培育 [J]. 教育现代化, 2018, 5 (47): 32-33.

[15] 葛莉, 刘则渊. 基于CIPP的高校创业教育能力评价指标体系研究 [J]. 东北大学学报 (社会科学版), 2014, 16 (4): 377-382.

[16] 耿广汉, 何华奇, 宗晓蕾. "双创"背景下应用型高校创业教育教师胜任力提升研究 [J]. 山东农业工程学院学报, 2018, 35 (2): 134-136.

[17] 谷向东, 郑日昌. 基于胜任特征的人才测评 [J]. 心理与行为研究, 2004 (4): 634-639.

[18] 郭必裕. 对构建大学生创业评价体系的思考 [J]. 黑龙江高教研究, 2003 (4): 135-137.

[19] 韩琪瑄. 美国高校创业教育课程体系研究 [D]. 保定: 河北大学硕士学位论文, 2013.

[20] 何郁冰, 丁佳敏. 创业型大学如何构建创业教育生态系统? [J]. 科学学研究, 2015, 33 (7): 1043-1051.

[21] 何郁冰, 周子琰. 慕尼黑工业大学创业教育生态系统建设及启示 [J]. 科学学与科学技术管理, 2015, 36 (10): 41-48.

[22] 胡桃,沈莉. 国外创新创业教育模式对我国高校的启示[J]. 中国大学教学,2013(2):90-94.

[23] 胡志刚,任胜兵,陈志刚,费洪晓. 工程型本科人才培养方案及其优化——基于 CDIO-CMM 的理念[J]. 高等工程教育研究,2010(6):20-28.

[24] 黄浩,荆林波. 共享经济的结构、模式与产业影响——基于扎根理论的多案例分析[J]. 管理案例研究与评论,2019,12(1):108-123.

[25] 黄亚生,张世伟,余典范,等. 麻省理工模式对中国创新创业的启迪[M]. 北京:中信出版社,2015:88-98.

[26] 黄兆信,郭丽莹. 高校创业教育课程体系构建的核心问题[J]. 教育发展研究,2012,32(19):81-84.

[27] 黄兆信,刘燕楠. 众创时代高校如何革新创业教育[J]. 教育发展研究,2015,35(23):41-46.

[28] 黄兆信,罗志敏. 多元理论视角下高校创业教育的发展策略研究[J]. 教育研究,2016,37(11):58-64.

[29] 黄兆信,王志强. 高校创业教育生态系统构建路径研究[J]. 教育研究,2017,38(4):37-42.

[30] 黄兆信,王志强. 论高校创业教育与专业教育的融合[J]. 教育研究,2013,34(12):59-67.

[31] 黄兆信,张中秋,赵国靖,等. 英国高校创业教育的现状、特色及启示[J]. 华东师范大学学报(教育科学版),2016,34(2):39-44.

[32] 黄兆信,赵国靖,唐闻捷. 众创时代高校创业教育的转型发展[J]. 教育研究,2015,36(7):34-39.

[33] 黄兆信,赵国靖. 中美高校创业教育课程体系比较研究

[J]．中国高教研究，2015（1）：49-53．

[34] 黄兆信．推动我国高校创新创业教育转型发展［J］．中国高等教育，2017（7）：45-47．

[35] 黄兆信．众创时代高校创业教育新探索［M］．北京：中国社会科学出版社，2016．

[36] 惠兴杰，李晓慧，罗国锋，等．创新型企业生态系统及其关键要素——基于企业生态理论［J］．华东经济管理，2014，28（12）：100-103．

[37] 霍雄飞．高职院校创业教育师资胜任力模型建构及应用［J］．中国职业技术教育，2015（25）：81-85．

[38] 贾虹．高职创业教育师资队伍建设策略［J］．职教论坛，2012（32）：89-90，93．

[39] 姜慧，殷惠光，徐孝昶．高校个性化创新创业人才培养模式研究［J］．国家教育行政学院学报，2015（3）：27-31．

[40] 李爱梅，颜亮，王笑天，等．时间压力的双刃效应及其作用机制［J］．心理科学进展，2015，23（9）：1627-1636．

[41] 李兵．关于高职院校"四位一体"创新创业教育评价体系研究［J］．中国职业技术教育，2015（28）：78-80．

[42] 李国平，郑孝庭，李新平，等．大学生创新创业教育质量的模糊综合评判与控制方法研究［J］．特区经济，2004（9）：170．

[43] 李慧，张光辉，文晓巍．我国高校创业教育的现状与反思［J］．创新与创业教育，2016，7（3）：13-16．

[44] 李慧清．创业环境约束视角下创新创业教育课程体系构建——基于GEM和百森商学院创业教育的协同研究［J］．高教探索，2015（11）：83-87．

[45] 李静, 殷埝生, 郁汉琪. 基于大工程链的创新创业人才培养模式探索 [J]. 实验技术与管理, 2017, 34 (11): 202-205.

[46] 李丽萍, 巩艳芬, 肖艳玲. 论高校创新创业教育师资队伍的建设 [J]. 学理论, 2013 (14): 252-253.

[47] 李娜. 构建应用型人才培养模式的创新创业教育课程体系研究 [J]. 湖北经济学院学报 (人文社会科学版), 2015 (7): 165-167.

[48] 李伟铭, 黎春燕, 杜晓华. 我国高校创业教育十年: 演进、问题与体系建设 [J]. 教育研究, 2013, 34 (6): 42-51.

[49] 李想. 创新驱动视野下高校创业教育与专业教育融合的理论与实践 [J]. 黑河学院学报, 2017, 8 (7): 147-148.

[50] 李益平, 王巧云. 民办高校创新创业教育教师胜任力培养的有效路径 [J]. 教育现代化, 2017, 4 (43): 31-33.

[51] 李志峰, 汪洋. 卡内基梅隆大学本科课程体系: 核心要素与实践逻辑 [J]. 现代教育管理, 2017 (6): 101-105.

[52] 李志永. 日本高校创业教育 [M]. 杭州: 浙江教育出版社, 2010: 125-127.

[53] 廖倩. 创新创业教育背景下高校教师胜任力提升策略 [J]. 南宁职业技术学院学报, 2018, 23 (1): 71-74.

[54] 刘海春, 郗婷婷. 论高校创新创业教育机构功能及其关系 [J]. 国家教育行政学院学报, 2017 (10): 26-32.

[55] 刘建佳, 刘静. 基于"胜任特征"的高校创新创业教师能力建设探析 [J]. 创新与创业教育, 2017, 8 (4): 52-54.

[56] 刘兰剑, 张瑜. 大学生创业教育体系研究 [J]. 继续教育研究, 2010 (9): 132-134.

[57] 刘伟, 邓志超. 我国大学创新创业教育的现状调查与政

策建议——基于8所大学的抽样分析[J].教育科学,2014,30(6):79-84.

[58] 刘伟.高校创新创业教育人才培养体系构建的思考[J].教育科学,2011,27(5):64-67.

[59] 刘颖琦,李苏秀,宋泽源.中国高校创新创业教育理论与实践的创新——以北京交通大学为例[J].现代教育技术,2018,28(6):108-114.

[60] 刘玉威,毛江一.创新创业教育与专业教育融合发展分析[J].北京教育(高教),2017(2):64-67.

[61] 刘月秀.生态系统视域下美国高校创业教育探析[J].中国高等教育,2012(10):61-63.

[62] 罗亮.基于学生需求视角下的高校创新创业教育实证探究——以重庆高校为例[J].创新创业教育,2016,7(3):4-9.

[63] 罗培,沈超红.创业教育效果评价方法研究[J].创新与创业教育,2012,3(6):11-14.

[64] 马小辉.创业型大学的创业教育目标、特性及实践路径[J].中国高教研究,2013(7):96-100.

[65] 马永斌,柏喆.大学创新创业教育的实践模式研究与探索[J].清华大学教育研究,2015,36(6):99-103.

[66] 马永斌.生态网——大学、政府和企业的创新模式[M].北京:清华大学出版社,2010:55-58.

[67] 毛素芝.高职院校创新创业教育:现实审视、理性思考与应然出路[J].教育与职业,2019(5):55-60.

[68] 孟卫东,佟林杰.我国三螺旋创新理论研究综述[J].燕山大学学报(哲学社会科学版),2013,14(4):126-130.

[69] 孟祥霞,黄文军.美国创业教育发展及其对我国创业教

育的启示［J］．中国高教研究，2012（10）：62-65．

［70］米银俊，许泽浩，罗嘉文．全程多维协同的大学生创新创业实践教育探索［J］．实验室研究与探索，2018，37（5）：236-239．

［71］莫光政，葛兵．创业教育系统构建及运行研究［J］．中国高校科技，2011（10）：77-80．

［72］木志荣．我国大学生创业教育模式探讨［J］．高等教育研究，2006，27（11）：79-84．

［73］欧阳桃花．试论工商管理学科的案例研究方法［J］．南开管理评论，2004（2）：100-105．

［74］潘红，杨松青，曾慧君．高校创新创业教师队伍建设现状和心理特点研究［J］．劳动保障世界，2017（11）：8-9．

［75］秦敬民．基于QFD的高校创业教育质量评价研究［D］．天津：天津大学博士学位论文，2010．

［76］任胜洪，刘孙渊．高校创新创业教育政策的演进逻辑及展望［J］．教育研究，2018，39（5）：59-62．

［77］任泽中．资源协同视域下大学生创业能力影响因素与发展机制研究［D］．镇江：江苏大学，2016．

［78］阮建凑，陈颖．应用型本科"双师型"教师队伍建设的实践探索［J］．黑龙江教育学院学报，2012，31（2）：30-32．

［79］刘志阳．创新创业教育的"2035"中国方案［N］．中国教育报，2017-12-22．

［80］尚大军．大学生创新创业教育的课程体系构建［J］．教育探索，2015（9）：86-90．

［81］苏敬勤，刘静．案例研究规范性视角下二手数据可靠性研究［J］．管理学报，2013，10（10）：1405-1409，1418．

［82］孙睿．高校创新创业教育教师胜任力模型构建［J］．成都

师范学院学报,2017,33(4):36-39.

[83] 汤霓,石伟平.我国职业资格证书课程体系构建的逻辑起点、核心要素与制度保障[J].中国高教研究,2015(8):102-106.

[84] 唐栋,郭飞君.高等教育模块化教育模式研究[J].黑龙江高教研究,2016(12):34-36.

[85] 童晓玲.大学创新创业教育体系研究[D].武汉:武汉理工大学博士学位论文,2012.

[86] 王丽燕,王建萍.高校创新创业教育师资队伍建设的现状、困境及对策[J].职业教育研究,2019(3):49-53.

[87] 王勇.基于能力的人力资源管理理论研究[D].杭州:浙江大学博士学位论文,2003:50-52.

[88] 王占仁,刘志,刘海滨,等.创新创业教育评价的现状、问题与趋势[J].思想理论教育,2016(8):89-94,103.

[89] 王占仁."广谱式"创新创业教育的体系架构与理论价值[J].教育研究,2015,36(5):56-63.

[90] 王占仁.高校创新创业教育观念变革的整体构想[J].中国高教研究,2015(7):75-78.

[91] 王占仁.中国创业教育的演进历程与发展趋势研究[J].华东师范大学学报(教育科学版),2016,34(2):30-38.

[92] 王长恒.企业视角下的高校创新创业教育发展性研究[J].中国职业技术教育,2013(6):38-41.

[93] 王志强,杨庆梅.我国创业教育研究的知识图谱——2000-2016年教育学CSSCI期刊的文献计量学分析[J].教育研究,2017,38(6):58-64.

[94] 王志强.研究型大学与美国国家创新系统的演进[M].北京:中国社会科学出版社,2014.

[95] 魏凤旗.消费者导向评价模式理论对我国高职英语课程评价的启示[J].齐齐哈尔师范高等专科学校学报,2017(2):135-136.

[96] 魏玲玲,马小辉.创业教育时空思维方式及培养[J].教育评论,2019(4):71-77.

[97] 温娜,田献宗,付兵红.高校创新创业教育绩效评价指标体系的构建[J].黑龙江教育(理论与实践),2018(Z1):56-59.

[98] 谢和平.以创新创业教育为引导全面深化教育教学改革[J].中国高教研究,2017(3):1-5,11.

[99] 邢大立.论高校创业教育师资队伍的构建与优化[J].企业家天地,2013(1):55-57.

[100] 徐小洲,倪好.面向2050:创新创业教育生态系统建设的愿景与策略[J].中国高教研究,2018(1):53-56,103.

[101] 徐雁行.创新创业课程体系建设探索与实践[J].高教学刊,2016(23):168-169.

[102] 徐智华.基于胜任特征的高校教师选拔测评体系设计[J].湛江师范学院学报,2014,35(5):25-29.

[103] 许广永,倪鑫睿.高校教师胜任力对大学生创业能力培养的作用机制——基于交互决定论[J].潍坊教育学院学报,2012,25(6):8-10.

[104] 许涛,严骊.国际高等教育领域创新创业教育的生态系统模型和要素研究——以美国麻省理工学院为例[J].远程教育杂志,2017,35(4):15-29.

[105] 薛成龙,卢彩晨,李端淼."十二五"期间高校创新创业教育的回顾与思考——基于《高等教育第三方评估报告》的分析[J].中国高教研究,2016(2):20-28,73.

[106] 严毛新. 从社会创业生态系统角度看高校创业教育的发展 [J]. 教育研究, 2015, 36 (5): 48-55.

[107] 杨惠. 基于胜任力模型的高校创业教育教师队伍建设困境与对策 [J]. 创新与创业教育, 2018, 9 (5): 128-131.

[108] 杨明海, 张体勤, 丁荣贵. 人力资源能力成熟度模型: 概念、体系与结构 [J]. 东岳论丛, 2003 (6): 134-136.

[109] 杨启昉, 白思俊, 马广平. 基于OPM3的组织项目管理能力体系建设的研究 [J]. 科学学与科学技术管理, 2009, 30 (7): 59-64.

[110] 杨晓慧. 高校创业教育生态系统建设的国际比较和中国特色 [J]. 中国高教研究, 2018 (1): 48-52.

[111] 杨晓慧. 我国高校创业教育与创新型人才培养研究 [J]. 中国高教研究, 2015 (1): 39-44.

[112] 姚凯, 陈曼. 基于胜任素质模型的培训系统构建 [J]. 管理学报, 2009, 6 (4): 532-536.

[113] 姚裕群, 刘家珉. 职业生涯规划与发展 [M]. 北京: 首都经济贸易大学出版社, 2009.

[114] 殷严严. 基于创业型人才培养的安徽MBA教师胜任力研究 [D]. 合肥: 合肥工业大学, 2010.

[115] 曾杰豪. 刍论高校创业课教师胜任特征指标体系的构建 [J]. 广东水利电力职业技术学院学报, 2015, 13 (1): 46-50.

[116] 曾骊, 张中秋, 刘燕楠. 高校创新创业教育服务"双创"战略需要协同发展 [J]. 教育研究, 2017, 38 (1): 70-76.

[117] 张宝生, 祁晓婷. 高校创业教育发展对策研究——基于大学生满意度与创业认知 [J]. 创新与创业教育, 2018, 9 (2): 28-32.

[118] 张斌. 大学文化传承创新职能实现路径 [J]. 佳木斯教育学院学报, 2013 (7): 44-45.

[119] 张鸽. 高校创新创业教育及课程研究 [D]. 西安: 西安电子科技大学硕士学位论文, 2012.

[120] 张昊民, 张艳, 马君. 麻省理工学院创业教育生态系统成功要素及启示 [J]. 创新与创业教育, 2012, 3 (2): 56-60.

[121] 张龙, 田贤鹏. 平台驱动型创业教育: 框架结构与机制保障 [J]. 中国高教研究, 2019 (8): 77-81.

[122] 张文兰, 刘斌, 夏小刚, 万松林. 课程论视域下的创客课程设计: 构成要素与实践案例 [J]. 现代远程教育研究, 2017 (3): 76-85.

[123] 张翔, 杨川. 高校创新创业教师的素质要求及培育路径 [J]. 教育研究, 2018, 39 (5): 66-69.

[124] 张项民. 创业教育与专业教育耦合研究 [M]. 北京: 科学出版社, 2013: 104-105.

[125] 张秀峰, 陈士勇. 大学生创新创业教育现状调查与思考——基于北京市31所高校的实证调查 [J]. 中国青年社会科学, 2017, 36 (3): 94-100.

[126] 章金萍, 陈亮. "互联网+双创"背景下高职教师创业指导胜任力研究 [J]. 现代教育管理, 2017 (11): 98-101.

[127] 赵会利. "双创"背景下高校创新创业教育课程体系的构建 [J]. 中国成人教育, 2016 (22): 100-103.

[128] 甄月桥, 沈婷, 钱昆. 美国高校创新创业教育体系研究 [J]. 教育评论, 2017 (11): 71-75.

[129] 中华人民共和国教育部高等教育司. 创业教育——世界主要国家创业教育 [M]. 北京: 高等教育出版社, 2012: 8-9.

[130] 周春彦. 大学—产业—政府三螺旋创新模式——亨利·埃茨科维兹《三螺旋》评介 [J]. 自然辩证法研究, 2006 (4): 75-77, 82.

[131] 周春彦. 三螺旋创新模式的理论探讨 [J]. 东北大学学报（社会科学版）, 2008 (7): 300-304.

[132] 周江华, 仝允桓, 李纪珍. 基于金字塔底层（BoP）市场的破坏性创新——针对山寨手机行业的案例研究 [J]. 管理世界, 2012 (2): 112-130.

[133] 朱浩. 我国高校创新创业教育生态位的缺失与建构 [J]. 教学研究, 2019, 42 (1): 18-22.

[134] 朱捷. 高校课程体系的评价指标体系的研究 [D]. 上海: 华东师范大学硕士学位论文, 2009.

[135] 卓泽林, 赵中建. 高水平大学创新创业教育生态系统建设及启示 [J]. 教育发展研究, 2016, 36 (3): 64-71.

[136] Azimi M A, Kirby D A. Social Entrepreneurship Education in Higher Education: Insights From a Developing Country [J]. Social Science Electronic Publishing, 2017, 20 (1): 17-34.

[137] Bevan, Thompson. Performance Management at The Crossroads [J]. Personnel Management, 1991 (11): 36-39.

[138] Brush C G. Exploring the concept of an entrepreneurship education system. Kuratko D F, Hoskinson S, Wheeler A R. Innovative Pathways for University Entrepreneurship in the 21st Century [M]. WA, UK: Emerald Group Publishing Limited, 2014.

[139] Caiazza R, Volpe T. Innovation and its diffusion: Process, actors and actions [J]. Technology Analysis & Strategic Management, 2016, 29 (2): 181-189.

[140] Campbell D T. Degrees of Freedom and the Case Study [J]. Comparative Political Studies, 1975, 8 (2): 178 – 193.

[141] Carvalho L, Costa T, Dominguinhos P. Creating an entrepreneurship ecosystem in higher education [M] //Soomro S. New achievements in technology, education and development. New York: In Tech, 2010: 2 – 19.

[142] Corbin J M, Strauss A. Grounded Theory Research: Procedures, Canons, and Evaluative Criteria [J]. Qualitative Sociology, 2016, 13 (1): 3 – 21.

[143] Curri G. Introducing Entrepreneurship Teaching at Select German Universities: A Change Challenge [J]. Journal of Higher Education Policy & Management, 2008, 20 (3): 21.

[144] Donald L Kirkpatrick. Evaluation in the ASTD Training and Development Handbook [M]. New York: Mc Graw – Hill, 1996.

[145] Duane Brown. Career Choice and Development [M]. San Francisco, 2002.

[146] Dunn K. The entrepreneurship ecosystem [EB/OL]. http: //www.technologyreview.com/article/404622/the entrepreneurship ecosystem/, 2005 – 09 – 01.

[147] Edwards J R, Rothbard N P. Work and Family Stress and Well – Being: An Examination of Person – Environment Fit in the Work and Family Domains [J]. Organizational Behavior & Human Decision Processes, 1999, 77 (2): 85 – 129.

[148] Eisenhardt K M, Graebner M E. Theory Building from Case Studies: Opportunities and Challenges [J]. Academy of Management Journal, 2007, 50 (1): 25 – 32.

[149] Envick BR. A 21$^{st}$ century Model of Entrepreneurship Education overcoming Traditional Barries to Learning [J]. Journal of Entrepreneurship Education, 2006 (9): 45-51.

[150] Etzkowitz H, Webster A, Gebhardt C, et al. The future of the university and the university of the future: Evolution of ivory tower to entrepreneurial paradigm [J]. Research Policy, 2000, 29 (2): 313-330.

[151] Fayolle A, Gailly B, Lassas-Clerc N. Assessing the Impact of Entrepreneurship Education Programmes: A New Methodology [J]. Journal of European Industrial Training, 2006, 30 (9): 701-720.

[152] Gersick C J G. Time and Transition in Work Teams: Toward a New Model of Group Development [J]. Academy of Management Journal, 1988, 31 (1): 9-41.

[153] Gilbreath B, Kim T Y, Nichols B. Person-Environment Fit and its Effects on University Students: A Response Surface Methodology Study [J]. Research in Higher Education, 2011, 52 (1): 47-62.

[154] Gilmeanu D, Gauca O. Academic Leadership and Social Capital in Universities through Social Entrepreneurship [J]. Management & Marketing Journal, 2017, 15 (2): 22-33.

[155] Hannan T, Freeman J. The population ecology of organizations [J]. American Journal of Sociology, 1977, 82 (5): 929-964.

[156] Harris S G, Sutton R I. Functions of Parting Ceremonies in Dying Organizations [J]. Academy of Management Journal, 1986, 29 (1): 5-30. http://www.chsi.com.cn/jyzx/201712/20171221/1645129567.html, 2017.

[157] Hart S, Hogg G, Banerjee M. Does the level of experience

have an effect on CRM programs? Exploratory research findings [J]. Industrial Marketing Management, 2004, 33 (6): 549 – 560.

[158] Janson K J, Brown A K. Toward a multidimensional theory of person-environment fit [J]. Journal of Managerial Issues, 2006, 18 (3): 193 – 212.

[159] Johnson D, Craig J B L, Hildebrand R. Entrepreneurship Education: Towards a Discipline-Based Framework [J]. Journal of Management Development, 2016, 25 (1): 40 – 54.

[160] Katz J A, Green R P. Academic Resources for Entrepreneurship Education [J]. Simulation & Gaming, 1996, 27 (27): 365 – 374.

[161] Krueger N F. The Impact of Prior Entrepreneurial Exposure on Perceptions of New Venture Feasibility and Desirability [J]. Entrepreneurship Theory and Practice, 1993, 18 (1): 5 – 21.

[162] Larso D, Saphiranti D, Wulansari A. Educating technology-based entrepreneurs: The development of an MBA Program in Creative and Cultural Entrepreneurship [C] //Technology Management for Emerging Technologies. IEEE, 2012: 879 – 884.

[163] Leonard – Barton D. A Dual Methodology for Case Studies: Synergistic Use of a Longitudinal Single Site with Replicated Multiple sites [J]. Organization science, 1990, 1 (3): 248 – 266.

[164] Maritz A, Jones C, Shwetzer C. The Status of Entrepreneurship Education in Australian Universities [J]. Education & Training, 2015, 57 (8/9): 1020 – 1035.

[165] Mckeon T K. A College's Role in Developing and Supporting an Entrepreneurial Ecosystem [J]. Journal of Higher Education Outreach & Engagement, 2013, 17 (3): 85 – 89.

[166] Miles M B, Huberman A M. Qualitative Data Analysis: An expanded Sourcebook [M]. Sage, 1994.

[167] Moore J F. Predators and prey: A new ecology of competition [J]. Harvard Business Review, 1993, 71 (3): 75-83.

[168] Paulk M, Curtis C, Chrissis M, et al. Capability Maturity Model for Software [R]. Carnegie Mellon University, Software Engineering Institute, 1993.

[169] Peter W. Work, Happiness and Unhappiness [M]. London: Taylor and Francis, 2007: 25-27.

[170] Rae D, Carswell M. Using a Life-story Approach in Researching Entrepreneurial Learning: The Development of a Conceptual Model and its Implications in the Design of Learning Experiences [J]. Education + training, 2000, 42 (4/5): 220-228.

[171] Scott J M, Penaluna A, Thompson J L. A Critical Perspective on Learning Outcomes and the Effectiveness of Experiential Approaches in Entrepreneurship Education: Do We Innovate or Implement? [J]. Education + training, 2016, 58 (1): 82-93.

[172] Strauss A L. Qualitative Data Analysis for Social Scientists [M]. New York: Cambridge University Press, 1987.

[173] Susan Hart, Gillian Hogg. Does the level of experience have an effect on CRM programs [J]. Industrial Marketing Management, 2004, 33 (4): 549-560.

[174] Tansley A G. The use and abuse of vegetational concepts and terms [J]. Ecology, 1935, 16 (3): 284-307.

[175] Welsh D H B, Tullar W L, Nemati H. Entrepreneurship Education: Process, Method, or Both? [J]. Journal of Innovation & Knowl-

edge, 2016, 1 (3): 125 –132.

[176] Wheeler A R, Gallagher V C, Brouer R L, et al. When person-organization (mis) fit and (dis) satisfaction lead to turnover: The moderating role of perccived job mobility [J]. Journal of managerial psychology, 2007, 22 (2): 203 –219.

[177] Yin R K. Case Study Research: Design and Methods [M]. Sage publications, 1984.

# 后　　记

　　生命总是会给人无数种可能，这些可能也总会带给我们很多挑战和尝试新事物的机会。2015年11月，受学校任命，我来到东北大学创新创业学院担任副院长的职务。非常感谢这次宝贵的工作机会，正是因为这样的一次机会，开启了我对创新创业教育生态系统的理论研究和实践探索。于我而言，这是一次挑战，因为创新创业教育生态系统对自己完全是一个陌生的领域；同时，这更是一次机遇，因为它让我有机会站在跨学科的视角去审视一个新领域，并将理论研究的成果在实践中进行不断检验和逐步完善。这部著作的出版，是六年艰辛研究和实践探索的结果，也是对这段宝贵经历的阶段性总结。

　　在本书的撰写过程中，得到了很多组织和个人的大力支持！首先要特别感谢东北大学创新创业学院，学院为我提供了研究的环境、实践的平台和资金的支持，这里的每个同事都是我在创新创业教育领域的老师，更是我在创新创业教育领域并肩奋斗的战友，感谢你们！感谢与我在这个全新领域里一起探索的合作者们，他们在文献收集、研究设计、数据分析、实践项目、书稿校对等不同的方面都付出了辛勤的劳动，感谢你们！感谢经济科学出版社的李雪老师和袁潋老师，她们为本书的出版提供了很多宝贵的修改建议并承担了大量的编辑工作，感谢你们！

　　本书的研究得到了中国高校创新创业教育改革研究基金项目

## 后　　记

（2019CCJG01Z005）、辽宁省新文科研究与改革实践项目（辽教办〔2021〕33号）、中国高等教育学会创新创业教育分会高等学校立德树人与创新创业教育研究项目（IEECKT202003）、东北大学PBL教学法研究与应用项目（PBL-JX2021yb003）、东北大学教师发展专项资助重点项目（DDJFZ202005）和东北大学学生创新团队专项资金的支持，在此一并表示感谢！同时，需要说明的是，本书对创新创业教育生态系统的探讨仅仅是一个初步尝试，限于作者水平有限，书中难免有疏漏和需要进一步完善的地方，敬请读者与同行提出宝贵意见。

贾建锋

2021年11月